和谐校园文化建设读本

中学教育评价新论

卢婷 李博/编著

吉林教育出版社

图书在版编目(CIP)数据

中学教育评价新论 / 卢婷，李博编著. — 长春：吉林
教育出版社，2012.6（2018.2 重印）
（和谐校园文化建设读本）
ISBN 978－7－5383－8956－2

Ⅰ. ①中… Ⅱ. ①卢… ②李… Ⅲ. ①中学教育－研
究－中国 Ⅳ. ①G639.2

中国版本图书馆 CIP 数据核字(2012)第 116056 号

中学教育评价新论	卢　婷　李　博　编著
策划编辑　刘　军　　潘宏竹	
责任编辑　张　瑜	**装帧设计**　王洪义
出版　吉林教育出版社(长春市同志街 1991 号　邮编 130021)	
发行　吉林教育出版社	
印刷　北京一鑫印务有限责任公司	
开本　710 毫米×1000 毫米　1/16　13 印张　　**字数**　165 千字	
版次　2012 年 6 月第 1 版　2018 年 2 月第 2 次印刷	
书号　ISBN 978－7－5383－8956－2	
定价　39.80 元	

编 委 会

主　编：王世斌

执行主编：王保华

编委会成员：尹英俊　尹曾花　付晓霞

刘　军　刘桂琴　刘　静

张　瑜　庞　博　姜　磊

潘宏竹

（按姓氏笔画排序）

总 序

千秋基业，教育为本；源浚流畅，本固枝荣。

什么是校园文化？所谓"文化"是人类所创造的精神财富的总和，如文学、艺术、教育、科学等。而"校园文化"是人类所创造的一切精神财富在校园中的集中体现。"和谐校园文化建设"，贵在和谐，重在建设。

建设和谐的校园文化，就是要改变僵化死板的教学模式，要引导学生走出教室，走进自然，了解社会，感悟人生，逐步读懂人生、自然、社会这三部天书。

深化教育改革，加快教育发展，构建和谐校园文化，"路漫漫其修远兮"，奋斗正未有穷期。和谐校园文化建设的研究课题重大，意义重要，内涵丰富，是教育工作的一个永恒主题。和谐校园文化建设的实施方向正确，重点突出，是教育思想的根本转变和教育运行机制的全面更新。

我们出版的这套《和谐校园文化建设读本》，全书既有理论上的阐释，又有实践中的总结；既有学科领域的有益探索，又有教学管理方面的经验提炼；既有声情并茂的童年感悟，又有惟妙惟肖的机智幽默；既有古代哲人的至理名言，又有现代大师的谆谆教诲；既有自然科学各个领域的有趣知识，又有社会科学各个方面的启迪与感悟。笔触所及，涵盖了家庭教育、学校教育和社会教育的各个侧面以及教育教学工作的各个环节，全书立意深邃，观念新异，内容翔实，切合实际。

我们深信：广大中小学师生经过不平凡的奋斗历程，必将沐浴着时代的春风，吸吮着改革的甘露，认真地总结过去，正确地审视现在，科学地规划未来，以崭新的姿态向和谐校园文化建设的更高目标迈进。

让和谐校园文化之花灿然怒放！

本书编委会

❧目 录❧

第一章 中学教育评价的形态与机能

教育评价是一项专业性、科学性很强的工作。评价结果如何，必然在学校产生种种影响。这种影响，有的是直接的，有的是间接的，但最终都会对评价对象的人发生作用。因此，评价效果好坏是评价主体的评价能力高低的重要标志。

为了有效地开展中学教育评价工作，应对教育评价的形态及其机能有个大概的了解。教育评价是一个多层次、多因素的复杂系统，它不仅涉及静态对象，而且涉及动态对象。因此，采取何种形态进行评价，以及评价作用的发挥如何，这是评价成败的关键。如果忽略这一点，就可能导致评价工作程序逆转，使正常的评价工作遇到阻力，甚至难以进行下去。

第一节 中学教育评价的形态

在不同类型的学校中，评价的具体内容和具体标准是不一样的。这个不一样，体现着教育评价的复杂性，当然，其复杂性又不仅仅限于此。

由于教育评价范围的扩大，就增加了它的复杂程度。过去的评价仅限于学生的学业，而现在却扩大到了学校教育的各个领域，而且其评价因素又是多方面的。在这种多因素的评价活动中，如何取得良好的评价效果，这是评价主体和评价客体所共同关心的问题。要想取得良好的评价效果，就必须探讨教育评价的形态。

目前，教育评价形态的类型比较多。概括地说，角度不同，分类方法也不同。不过，常用的分类方法主要有两种。

一、根据评价机能划分

这种分类方法，从内容上看，是教育行政管理干部和广大教师所熟知的，但需从教育评价理论的高度加以系统整理，以便更好地指导教育评价实践活动。从评价机能上划分，有以下三种：

（一）诊断性评价

"诊断"是借用的医学用语。诊断性评价，一般是指在某项活动开始之前，为使其计划更加有效地实施而进行的评价。所以，有的学者又把此种评价称作事前评价。所谓诊断，一般有两种情况：一是症状诊断，二是原因诊断。前者着重找出存在的问题，后者则是重在原因上，以便"对症下药"，进行有效的教育指导。

诊断性评价，在中学应用面很广。例如，在学年之初，对刚入学的初一新生进行摸底考试，并分析与判断他们的学力水平；当任课教师在担当一个新班的教学任务时，就本学科的基础知识和基本技能进行测验，从而分析与判断学生的学业水平等，均属这种评价形态的应用。可见，诊断性评价在教学工作中的应用，是在学期初进行的，其目的在于弄清学生的学力基础，以便为实现新的教育目标做好准备。通过诊断性评价，判断学生是否已达到了原定的目标要求，如果达到了，就实施正常的教学计划；如果没有达到，就对原定计划加以调整，设法弥补学生的学力不足，使他们能尽快地具备实施新的教育目标的条件。

由于诊断性评价不仅重诊断，而且重治疗，即指导，所以在中学教育中得到了广泛的应用。但是，当前在运用这一评价形态时，还存在一些问题，其主要之点是重诊断轻治疗，甚至不治疗，往往只满足于取得的几个数据，而没有进行认真的评价，致使断诊性评价在一些学校流于形式。这是必须纠正的不良倾向。

（二）形成性评价

形成性评价，最初是斯克里芬提出来的。这种评价的主要目的是为了明确存在的问题和改进工作的方向，及时修改教育课程计划，以期获得更加理想的成果。所谓形成性评价，是指在活动的过程中，为使活动效果更好而修正其本身轨道所进行的评价。这一评价形态已受到教育评价专家的普遍重视，成为现代教育评价研究的重要课题。

布鲁姆第一次将形成性评价用于教学活动中去。他认为，形成性评价不仅是改进教学工作、提高学习效果、形成适合于教育对象的教学的重要手段，而且是促进学生智能发展、充分挖掘学生学习潜力的重要手段。布鲁姆提出的形成性评价的任务是：第一，调整学习活动。要明确规定每个学习阶段的学习目标及评价项目，划分出学习单元和具体课时，并根据评价结果及时调整学习活动。第二，强化学生的学习。形成性测验能使学生明确是否已达到了阶段目标、存在的问题及今后的努力方向，从而调动他们的积极性，增强其自信心，以起到强化学习活动的作用。第三，发现存在的问题。根据测验发现的问题，经过分析，可以找到产生错误的原因，为克服学习上的困难提供有效信息，同时也为确定新单元的学习目标提供必要依据。第四，提供学习的矫正处方。根据对存在问题的分析，给予及时的辅导和帮助，使学生自觉地改正错误，提高学业成绩。这不仅有利于学生全面地完成学习任务，而且有利于发展他们的认知能力。

重视形成性评价，这是现代教育评价的发展趋势。以前的评价注重学习结果，而这种评价却强调学习过程，重视评价的反馈机能，其目的在于建立适合于教育对象的教学。形成性评价对教与学的双方都有利，它不仅可以使学生明确今后如何学，而且使教师明确今后怎样教，帮助师生完成既定的教育目标。形成性评价用于教学，可以帮助教师及时发现问题，提出改进措施，修正教学计划。例如，在某个单元或章节结束时所进行的测验，则属于形成性评价的测验。但是，值得注意的问题是，有的中学在这方面已出现失控现象，考试或测验成灾，月月考，周周考，天天考，严重地加重了学生的学习负担，损害了他们的身体健康。即使有的学校对考试加以控制了，也多是单纯进行考试，忽视了提出改进教学的措施。这两种现象，都不符合形成性评价的目的要求。因此，应有目的地、有计划地开展形成性评价活动，并切实提高评价的效果。

（三）总结性评价

总结性评价，有的学者称事后评价，顾名思义，是事后所进行的评价。所谓总结性评价，是指在某项活动告一段落时，为把握其成果而进行的评价。这里的"告一段落"，系指较长一段时间而言，一般是在一个学期或学年结束时，对最终的活动结果所进行的评价。

作为总结性评价的重要机能，就是确认达到目标的状况。因此，这种评价在我国的中学教育中一般比较受重视。就教学领域的评价而言，期中考试和期末考试都属于总结性评价的应用，不过，所设定的目标是综合性的，它包括对基础学力和综合能力的评价。例如，期中和期末发给学生的成绩通知书，也是这种评价的用例。但是，我国中学生的成绩通知书的内容，不仅限于成绩，还包括思想品德评语。所以，这种评价既指出存在的问题，又明确了今后的努力方向。

总结性评价在我国中学教育中应用比较广，不仅用于教学工作领域，而且用于思想政治工作领域。例如，期中、期末所进行的班级工作总结、全校性的教学工作总结等，也是此种评价的实际应用。但不能停留在以往的一般性的工作总结上。当前，在中学的总结性评价工作中存在的主要问题是：评价现状与改进工作相脱节。以期末考试为例，许多学校往往是考试结束，评分完毕，就意味着一个学期的教学工作已结束，但没有把试卷及时发给学生，并有针对性的进行讲评。因此，要想更好地发挥总结性评价的作用，就应采取措施克服上述弊端。

二、根据价值标准划分

按照价值标准分类，可划分为相对评价、绝对评价和自我评价三种。在中学教育中，随着目标管理的不断加强，这种分类方法已得到人们的重视。具体内容分述如下：

（一）相对评价

所谓相对评价，是指在团体内以自己所处的地位同他人相比较而进行的评价。其评价标准是设在团体之内的，要求把个人的得分同团体其他成员的得分进行相对比较，从而明确自己在团体中的地位，达到评价学习成果之目的。这种评价形态，班主任经常使用。例如，期末根据学生各科考试成绩，按照从优到劣的次序把全班学生排队，使每个学生都能了解到自己在班级所处的地位。

使用相对评价应注意的问题：一是必须坚持等质的条件，无论在个体之间还是在团体之间进行评价，都应如此。否则，即使勉强地进行比较，其价值也是不大的。例如，甲校的第一名和乙校的第一名，或一班的第一名和二班的第一名进行比较，一般是没有价值的，因为其条件不等质。二是要注意实效，从研究和改进教学出发进行评价活动，不要把它作为惩治某些学生的手段，以免给学生造成更大的压力。例如，有的班级在家长会上把排队名单公布于众，效果就不好。

相对评价应用面比较广，适用于各科教学的学习成绩评价。但各国的记分办法是不一样的，有的采用百分制，有的采用五级分制，等等。例如，日本在 50 年代和 60 年代对学习成绩的评定方法就是“五级相对评价”，他们根据正态分布规律把学生成绩按照两头小中间大的比例分为 5 级，1 级占 7%，2 级占 24%，3 级占 38%，4 级占 24%，5 级占 7%，但后来又进行了修改，不要求划定 5 级之间的比例，可从实际出发评分。我国中学对学生成绩的评定是采用百分制，不过也有比例要求，但是，各校规定的比例大小并不是划一的。

相对评价，可以使每个学生客观地了解到自己在团体中的优劣情况，即自己所处的地位，这是它的优点。但是，相对评价的弊端也很严重，应引起足够的重视。其弊端主要是：

第一，相对评价的着眼点是放在个人差异上，不注重是否完成既定的教育目标。结果导致学生争分数、争名次，而不重视实际水平的提高。

第二，这种评价因有“两头小中间大”的比例限制，所以很难真实地反映出学生的进步情况。本来有的学生进步很大，成绩够优等，但因比例的限制而降低其等级。此种作法严重地挫伤了学生的学习积极性。

第三，学生学业成绩的优劣，是评价教师教学成果的重要标志。因此，评定比例的限制同样也会挫伤教师的积极性。也就是说，不论教学质量有多大的提高，其优劣比例都不会发生变化。

对上述列举的弊端，应力求得到解决。例如，相对评价的比例限制可以废止或灵活掌握，应坚持从实际出发的原则，要以学生的实际水平为准，够哪一级就评哪一级，不要人为地去拼凑那个不合理的等级比例。

（二）绝对评价

绝对评价，是根据完成既定教育目标的程度而进行的评价。这种评价，是在评价对象的所在团体之外，与该团体无直接关系而设立评价标准。也就是说，这个标准不受该团体的约束，但所制定的标准必须反映国家对受教育者的基本要求。实施这种评价，是以个人的得分为基础同既定的评价标准对照比较，从而判断完成目标的程度。

绝对评价的出现，是教育评价的一个发展，是在总结了相对评价的优劣情况的基础上提出的。60年代初期，格拉泽发表文章指出了相对评价存在的问题，并提出开展绝对评价的主张。这一主张在当时影响很大，因而绝对评价的理论研究和实践活动开展较快。

绝对评价所关心的是评价对象是否达到目标及其达到的程度，它是以到达目标的形式把评价内容表现出来的。因此，在进行绝对评价时所需考试的题目，范围要广，综合性要强，有一定的代表性。如果评价标准能够定得科学、客观，那么被评价者只要同这个绝对标准比较，就可以判断自己的实际水平究竟多高了。例如，我国有些省市教育行政部门规定，小学升初中不采取统考择优录取入学的做法，而是只举行一次统一的毕业考试，按照规定的标准的要求，凡合格者即可就近升入初中，不合格者在原小学重读一年。这里的合格与不合格，就是绝对评价在某个地区的应用。就单科而言，满分为100分，60分以上为合格，60分以下为不合格，这个合格与不合格是以60分为绝对界限的，此种解释观点也属于绝对评价的范畴。

绝对评价的优点，是有一个共同的客观标准可循，学生可以通过同既定的这一标准对比，了解自己的实际水平。在正常的情况下，一个学生的某科成绩在甲校或乙校应该是等质的。也就是说，该生在甲校是90分，转到乙校时也应承认这个90分，不应因学校的变动而造成分数"贬值"。但是，在当前要做到这一点还是很难的，因为在中学里还没有实施绝对评价的规定和要求，即使有这种评价活动，实施时其评价标准又往往受到评价主体的主观性的影响，这正是实施绝对评价时所碰到的问题。实际上，开展绝对评价还有许多问题需要解决，如师资质量问题、校际间的差别问题，还有地区之间的差别问题，等等。

（三）自我评价

重视自我评价，是现代教育评价的一个突出特点。随着历史的推移和教育评价的发展，自我评价越来越受到人们的重视，是教育评价的一种重要形式。

关于自我评价问题，心理学界有较多的研究。本世纪二三十年代美国的霍林沃斯采用排队法进行了研究，50年代初沙平采用选择法进行过研究，60年代初凯吉塔也研究过；日本的学者分别在50年代后期和70年代初进行过研究；80年代初，我国华东师大心理系按年龄组进行了调查与研究；等等。这说明，自我评价的研究，历来都受到重视，并非是个新问题。不过，把它用于中学教育评价中去，可以说是个新问题。

所谓自我评价，是指在个人内部就学力和能力等进行纵横比较所做的判断。由于这种评价是在个人内部进行的，所以有的学者又把它称作个人内部评价，也有的称个人内部差异评价。自我评价是根据尊重个性、发展个性的观点提出来的。每个成员都分别设定标准，以个人的成绩为基点，自己同自己比，不同他人比较，从而来判断自己的进步状况。但心理学家认为，自我评价是一个人对于自己生理、心理特征的判断，是自我意识的重要组成部分。

在现代教育评价中，自我评价占有重要地位，其应用面很广，可用于学生评价，也可用于教师或领导的评价。就对学生的评价来说，自我评价的内容十分丰富。以学习评价为例，可以从横向比较各个学科成绩的情况，尤其是诸种能力的情况，如独立学习能力、创造能力、思维能力、观察能力等；从纵向比较，是以个人现在的成绩为基础，同自己过去的成绩进行对比，以便判断自己的进步与否。自我评价，不仅可用于学力评价，而且可用于道德品质评价。在中学里，学生的自我鉴定就属于自我评价的用例。

自我评价符合个性发展教育的原则，它是建立在尊重学生、相信学生的基础之上的。同样道理，在评价教师的工作中，领导者也应尽量地利用自我评价这种形态，充分地发挥自我评价的功能。正确的自我评价对个人的成长与发展的影响很大。正如有的心理学家指出的那样，在人们的心理生活中，自尊或自卑的自我评价意识有很大的作用。人们经常会把自己看作是有价值的、令人喜欢的、优越的、能干的人。如果一个人看不到自己的价值，只看到自己的不足，什么都不如别人，处处低人一等，就会丧失信心，缺乏积极性；如果一个人只看到自己比别人好，别人都比不上自己，这样就会产生盲目乐观情绪，自我欣赏，自以为是，因此就不能处理好人际关系，调动主客体双方的积极性，而且还会遇到社会挫折，产生苦闷。因此，在运用自我评价这一形态时，应加强指导，提高自我评价意识的能力。

但是，由于自我评价没有一个客观的统一标准，所以其主观性就比较强。这是自我评价的主要缺点。个人进行自我评价的好坏往往取决于本人的价值观、社会角色和社会地位。有的人本来已取得了很大成绩，他人也给予了高度的评价，但本人却表现出缺乏自信心，甚至苦恼；有的人在他人看来并没有值得夸耀的地方，甚至表现很差，但本人却有很强的自信心和自尊心。这里就有一个价值标准问题。由于个人的标准不同，因而得出了不同的评价结论。可见，自我评价并不等于他人评价，两者的结论是有一定距离的。例如：华东师大心理系曾对300多名大中小学生作过调查，要求他们就道德品质作自我评价，同时也评价小组里的其他人。结果表明，比较多的学生的自我评价符合或基本符合他人评价，少数学生的自我评价与他人评价比较，距离较大，个别学生的距离很大。例如，有的学生评价自己的"诚实、大公无私"等品质为"好的"，而同伴对他的评价却是"差的"；但也有的对自己评价很低，而同伴却给予了公正的评价。当然，出现上述情况的原因是比较复杂的，需认真对待，具体分析，以便更好地调动学生自我评价的积极性。

第二节　中学教育评价的机能

重视教育评价，研究教育评价，其目的在于充分发挥教育评价的机能，使它更好地为提高教育质量服务。中央在《关于第七个五年计划的报告》中指出："要加强教育事业的管理，逐步建立系统的教育评价和监督制度。"因此，探讨教育评价，就要发挥它的作用，以利加强教育事业的管理。

评价不同于测定，测定是从量上掌握评价对象的，而评价则是从质上掌握评价对象的。所说从质的方面掌握评价对象，就是按照教育目标去判断评价对象的价值。这是教育评价的本质所在。发挥教育评价的机能，要紧紧抓住这一基本观点。

现代教育评价的对象，已不仅限于学生了，而是扩展到教师、教法、教育课程、班级、学校及教育行政部门等。因此，应通过评价为从整体上调节实施教育目标的活动而收集信息，及时反馈，从而发挥其机能。从这一观点出发，中学教育评价应具有四种机能。

一、促进学习的机能

学生是教育评价的核心对象。中学教育的各种评价活动都是围绕学生质量而展开的，而且大量的、经常性的评价活动又在师生之间进行。也就是说，教师作为评价主体，要经常对学生作出评价，尤其是评价他们的学习。

教师对学生的评价，对他们的成长与发展影响极大，而这种影响又往往表现在累进的效果上，所以教师要重视每一次评价活动对学生所产生的影响。这种影响是通过评价信息的反馈而发生作用的，从而达到促进学生学习的目的。

发挥评价促进学习的机能，重要的是要让学生了解自己的学习达到了何种程度，尤其是进步实态，使他们从中受到激励而更加努力学习，同时也使他们了解自己在学习上存在的问题以及如何加以改进等。例如，通过考试鉴定学生的学习成果时，要使他们弄清哪些知识已经掌握了，哪些知识尚未掌握或未完全掌握，并明确今后的努力方向和应采取的具体措施，做到已懂的知识得到强化，加以巩固，不明白的地方要在教师的指导下弄懂，而且是真正地弄懂。这就是评价对学生学习所起的促进作用。教师如果能科学地、客观地评价学生的学习，那就能起到这种激励作用，否则，也可能挫伤学生的积极性，甚至产生其他一些不良影响。因此，教师在教学全过程中，要善于运用形成性评价，把学生的学习变化实态及时地、准确地反馈给学生，为他们改善自己的学习现状提供有价值的信息。心理学的很多实验都证明，学生了解自己的学习成果比不了解其成果的积极性要高得多。因此，教师作为评价主体，要重视评价的促进学习的机能。

发挥评价促进学习的机能，还要培养学生自我反省、客观评价的态度。学生应采取的评价形态有两种：一是自我评价；二是相互评价。通过这两种形式的评价，也可以把学习的成功与失败直接反馈给学生本人，使其及时地进行自我改善。但这种评价不能代替教师的评价，因为自我评价的客观性差，主观性强。为了更好地利用这种评价形态，教师应给予必要的指导和帮助，使它真正起到促进学习的作用，而不要使其流于形式。

二、改善指导的机能

教师的使命是把学生教好。为此，需要不断改善包括教学在内的各科教育活动，最大限度地提高教育效果，尽快使学生接近或达到教育目标。发挥评价的改善指导的机能，正是为了达到这一目的。

教学是教师和学生的协同活动，即通常所说的双边活动。因此，教学质量的提高，除了学生自身的因素以外，还必须依靠教师的努力，尤其要加强指导工作。要进行有效的指导工作，就要制定切实可行的指导计划。为此，要采取一些必要的评价手段，事先测定学生的知识、技能和能力，弄清学生的实际水平及存在的主要问题，以便加强指导计划的针对性。同时，还要看到，任何一项计划在执行中都会有所变动，这个变动就是根据学生的变化情况所实施的有效调节。在计划的实施过程中，教师应利用反馈原理，及时捕捉有价值的信息，为改善指导计划提供客观依据。例如，有经验的教师往往通过观察学生的态度和表情等来获取有关信息，改善自己的指导计划。这种做法简便易行，既可把握指导活动的实态，提高教育效果，又可为下一次指导活动提供必要的参考信息。但是，发挥评价的改善指导的机能，仅仅靠观察还是远远不够的，所以还必须采取一些相应的评价形态，如诊断性评价、形成性评价或总结性评价等。

在中学教育中，很多教师都在教学指导方面积累了丰富的经验。通过发挥评价的反馈功能，获取评价信息来改善指导计划，力求更加有效地进行指导工作，这就是发挥评价的改善指导的机能。例如，有的学校在学期初或学年初所进行的以智能、学力、兴趣等为主的标准化检查，就属于诊断性评价，其目的是决定教学指导的合理计划和应采取的必要措施。有的学校为了判断某个时期的指导计划的实施效果，发现重要缺欠予以修正，改善指导计划和指导方法，往往采取形成性评价或总结性评价的形态，并且收到了较好的效果。

为了发挥评价对改善指导工作的作用，外国一些学者主张采用多种评价形态。布鲁姆从改善指导和促进学习的立场出发，提出了五种评价：

第一，为改善学生的学习和教师的教授而获取与处理必要信息的方法的评价。

第二，比通常实行的书面测验包括更多信息的评价。

第三，为帮助明确教育上有意义的目标而实行的评价，以及把握学生在这个方向上达到何种程度的过程的评价。

第四，在教授与学习过程的各个阶段上，要把握其过程的效果如何。如果没有效果，是否需要及时采取措施。为做出此项决定而进行的管理品质方面的评价。

第五，在教育实践中，对完成一系列教育目标来说，需确认其他方法是否也是同样有效的手段而进行的评价。

布鲁姆的上述见解，尽管只是提出了几种评价的出发点，但对进一步探讨教育评价的机能还是有一定启发的。不管采取何种评价形态，其着眼点都应放在了解学生的学习达到了何种程度上，弄清没有达到目标的原因何在，应采取哪些指导措施等，以便教师适时地调整自己的指导计划。

三、加强管理的机能

通过教育评价活动来加强管理，已受到人们的重视。发挥评价的加强管理的机能，不论是对教育行政管理还是对学科教育管理都是十分重要的。对一所中学来说，管理水平的高低在一定程度上能反映出该校的评价工作开展得怎么样，而评价水平的高低又能体现出一个领导者的管理水平。因此，要做一个有效的管理者，就要重视评价的加强管理的机能。

教育评价的管理作用是多方面的。例如，初中和高中的入学考试、升级和毕业的资格认定、成绩通知书和学籍上的成绩评定及操行评语，等等，都是色彩很浓的评价活动。类似这些评价工作搞得好坏与否，可以直接反映出学校的管理水平。为了充分地发挥评价在管理工作中的作用，可以选择切实可行的评价形态，如总结性评价、诊断性评价、外部评价等。这里所说的外部评价，是指评价主体置于某项活动之外，为客观地分析活动的现状并致力于其改善而进行的评价。

很多学校在加强学生的评价工作的同时，也加强了对教师的评价工作。通过评价教师的工作，促进了师资队伍建设，调动了教师的积极性。例如，对中学教师实行专业合格证和教法合格证制度，就是资格认定的评价。由此可见，资格认定的评价直接关系到人才的选拔与使用问题。准确的认定是合理用人的前提，只有进行客观的评价，才能做到准确的认定。如果认定不准确，就谈不上合理地用人，更谈不上调动人的工作积极性。因此，为了能根据每个人的能力和个性分配工作，首先必须进行科学的评价和决策，其次还要排除亲缘关系、权势地位及其他不正之风的干扰。

评价在学科教育中的管理作用也是很大的。例如，为了解学生的学力水平，在开课前进行诊断性评价，在教学过程中，为把握教与学的实态而进行形成性评价；在初三和高三结束时，要进行总结性评价，以便作出毕业资格的认定。特别是在教学的全过程中，如能真正地运用形成性评价，那就能较好地发挥评价的管理作用，促进教学质量的不断提高。例如，有的教师根据取得的评价信息，适当地调整教学计划，使教与学的过程更加科学化，更加符合学生的学习实际；为了使大多数学生都能达到国家规定的目标要求，采取一些必要的补救措施；等等。

四、开发研究的机能

发挥教育评价的开发研究的机能，是为了尽可能正确地调查、研究、评价教育成果的实态，并在此基础上设计出理想的教育、教学计划。这种评价活动，不论是对小学的教育设计也好，还是对普通中学的教育设计也好，都是极为重要的。在学校教育中，加强评价的开发研究机能，就是要通过评价活动促进教育改革实验的进行，提高教育科学研究水平。因此，在教育改革的过程中，必须积极而稳妥地开展教育评价工作。

改革陈腐的传统教育思想和教学方法，是中学教育改革的一个极其重要的任务。要有效地进行改革，就要在调查教育工作现状的基础上作出客观的评价，以便把握教育的实态，提出符合客观实际的改革方案。在实施改革方案的过程中，往往有成功的经验，也有失败的教训，这也要通过评价活动作出正确的判断。如果是成功的经验，就要进行总结，加以推广；如果是失败的教训，就要找出问题的症结，予以解决。这样的决策活动，必须建立在评价的基础上，否则，是无法作出决策的。进行教学改革，涉及到许许多多相关因素，如教师、学生、教材、教法等等。为了改善教育现状，提高教育水准，必须通过评价活动对教与学的水平作出科学的判断。例如，对指导方法的比较研究、分析与研究教育环境及教育条件对学生能力的形成与发展的影响等，都要发挥评价的开发研究机能。

以研究为目的的教育评价，既可用于教学工作的开发研究，也可用于思想教育工作的开发研究。例如，利用各种形式调查学生，什么样的学习方法效果好，并根据不同年级的特点作出判断，选择适合学生实际的最佳方案予以宣传和推广；利用标准学力检查，调查所实施的教育计划取得了哪些成果，存在哪些问题，并根据这一评价信息研究今后教育计划的改善；在学期末或学年末，班主任可就自己对学生的指导内容进行总结性评价，反思与研究已实施的指导计划和指导方法，提出改善今后教育工作计划的新方案。类似上述活动，都需要进行认真的评价，以便为决策活动提供客观的依据。在学校教育中，好多同志已经这样做了，并且积累了不少经验，应加以总结和推广，但也有的对评价的这种作用还缺乏了解，因而也就难以运用评价去提高自己的管理工作水平。

第二章　中学教育评价的过程与原则

做什么事情都有个过程。工人生产有过程，农民种田有过程，教师教书有过程，进行中学教育评价当然也有个过程。各行各业的工作都有个过程问题，但又各有各的特点，有其自身的规律性。

所谓过程，一般是指事情进行或事物发展所经过的程序。这个程序，通俗点说，就是按时间先后、活动顺次所安排的工作步骤。要开展教育评价，就要研究其工作过程，否则，很难使工作井井有条地进行。因此，探讨教育评价的过程，这是开展教育评价实践活动所必需的，而不是可有可无的。

为了便于进行教育评价工作，除了研究教育评价的基本过程以外，还应研究教育评价过程的特点，以及在教育评价过程中所必须遵循的原则。

第一节　中学教育评价过程的特点

教育评价过程的基本原理，适合于评价的任何一个领域。不论是对宏观评价还是对微观评价，不论是对综合目标的评价还是对单项目标的评价，这个原理都具有普通的指导意义。

教育评价的一般过程，应包括为什么评价、评价什么、怎么评价等环节。这里的"为什么评价"，是指确定评价的特定目的，"评价什么"，是指确定评价目标；"怎么评价"，是指资料的收集及其解释，是评价的方法论问题。这是评价过程的总体框架。

这个评价过程，对学力评价、思想品德评价、身体素质评价以及对教师工作评价、领导工作评价等，原则上一般都是一样的。但也有例外的情况，这要根据实际情况作具体分析，灵活掌握。为了了解教育评价工作的一般规律，提高评价的科学水平，把握评价的基本环节，应对教育评价过程的特点有所了解。

一、教育评价过程的动态性

动态性是教育评价过程的根本特点。重视这一特点，是搞好教育评价的关键。如果忽略它，就很难提高教育评价的客观效果，也很难把评价信息用于改善今后的工作。

评价的过程也是个管理的过程，而在实施管理的过程中，也要进行评价。管理的对象领域，也是评价的对象领域。两者关系极为密切，可以说是融为一体的。在学校教育中，管理过程不仅涉及物质的因素，而且还涉及精神的因素，简言之，它涉及人、财、物、事等各个方面的诸种因素。对这些因素的评价过程，也是个管理的过程，而实施管理的过程，就是一个动态的过程，即是个运动的过程。因此，进行评价时，必须重视这种动态变化的特点。

现在，无论在发达国家还是在发展中国家，教育改革已成为现代教育发展中的普遍态势。我国正在进行教育体制改革，这种改革的形势必然会给中学教育带来许许多多的新变化。评价一所学校时，要重视这一变化的动态，除了着重评价学校的现状以外，还要从动态的观点出发研究它的过去，预测它的未来，探讨学校在改革中的发展趋势和发展速度等。但这并不等于说，评价就只是评过去的事或评未来的事，而是要坚持从发展的观点看问题，了解过去是为了研究现在，研究现在又是为了建设未来。不过，需要强调的一点是：评价还是评现状，不能用过去的差代替现在的好，也不能用过去的好代替现在的差，这两种情况都会伤害评价客体的积极性。

在评价的诸因素中，人是评价的核心。而作为评价对象的人，是处于变化之中的，尤其是青少年学生发展快、变化大。对他们进行评价，应抓住其变化情况。例如，有的学生在初中时贪玩，学习成绩也不太好，可是到了高中之后变化很大，能比较自觉地调节自己的行为，学习成绩提高很快，由中等生变为上等生。评价这样的学生，要看到他的进步现状，不能算"旧账"，否则，就作不出公正的评价。

二、教育评价过程的交互性

评价过程的交互性，是指评价主体与评价客体在进行评价时的相互作用。这种作用是通过评价活动表现出来的，其影响甚大。如果忽略评价过程的这一特点，那就会影响评价功能的发挥。

这里所说的评价主体与客体是相对而言的。当上级教育行政部门评价学校时，行政部门是评价主体，学校是评价客体。在这种情况下所进行的评价，对学校的办学方向会发生很大的影响，也可以说它起着一个指挥棒的作用，其表现是上级怎么评，下级就怎么干。例如，有的地区按照升大学的人数多少进行学校排队，以此评价办学水平，使一些学校只好抓少数能升学的学生，丢掉了大多数学生，结果导致片面追求升学率的倾向迟迟得不到彻底纠正；但也有的地区根据被评价单位的反馈信息，重新修订评价学校的标准，采取强有力的措施纠正片面追求升学率的不良倾向，使"全面贯彻方针、面向全体学生"的思想得到了落实。

在学校的内部评价活动中，对教师进行评价，校长是评价主体，教师是评价客体；对校长进行评价，教师是评价主体，校长是评价客体。可见，校长一方面去评价教师，另一方面又要接受教师的评价，而教师既是评价客体，又是评价主体。就对教师工作的评价而言，校长作为评价主体，要想对教师工作做出公正的评价，就要认真听取教师的意见，尤其要重视教师的自我评价。从这个意义上看，校长的评价必然会对教师发生影响，而教师的意见对校长作评价结论也会有所帮助。

教师评价学生时，学生是评价的客体，而教师则是评价的主体。教师评价学生，必须取得他们的协助，否则是难以获取可靠的评价数据的，即使能取得一定的数据，也要虚心地听取学生的意见，取得他们的帮助。这里所说的帮助有两层含义：一是要重视学生的自我评价；二是要重视他们对教师的评价。在这样的评价活动中，教师通过评价帮助了学生，同时又使自己得到了提高。

从上述列举的事实可以看出，教育评价过程的交互性是很强的。这是因为教育评价的客体主要是人，这一点不同于企业部门的评价。对人的评价是极其复杂的，关键是调动人的积极性，而积极性的调动又是评价双方相互作用的结果。为此，在教育评价的过程中，要重视其交互性这一特点，以便更好地发挥评价的机能。

三、教育评价过程的具体性

评价过程的具体性，体现在评价标准的设定上。根据评价过程的这一特点，评价标准的设定必须是具体的、明确的，而且是可以检查的，即是便于实施的。否则，即使想得再好，也只能是空对空，无法付诸实施，当然最终也不会得出什么科学的结论。因此，评价主体必须严格设计评价的程序，诸如评价目的的确定、评价标准的制定、评价方法的选择等，均需具体化。其中，评价标准的具体化是至关重要的中心环节。

评价标准的具体化，应力求切实可行，尽量避免过简或过繁的现象。例如，有的学校在评价学生的体育质量时，提出要看"学生的身体素质"这一条，但从哪些方面去看却不得而知。也就是说，评价"学生的身体素质"都包括哪些因素不明确，自然也就难以进行评价。与此相类似的毛病，在其他一些评价领域中也存在。因此，在实施评价的过程中，应注意解决这一问题。就与教育成果有直接联系的评价项目来看，如果把教育活动计划作为评价对象，一般应包括两个方面的内容，即开展哪些活动以及通过活动从哪些方面来培养学生，这样就把所进行的活动和要达到的目的结合起来了。

根据评价过程的具体性的特点，对评价方法也应有明确的要求。方法是为内容服务的。因此，选择方法应以能否取得良好的评价效果为准绳。例如，有的学校评价教师时，采用问卷的方式向教师任教班的学生作调查，让学生按照已提出的要求对教师作出评价。但这种作法在中学使用要慎重，应以不影响师生关系为原则。采用此种方法，如果处理不当，不仅不能增进师生关系，相反，还会影响师生关系。

总之，开展教育评价，要注意研究评价过程的特点，并根据这些特点进行评价活动，力求取得比较理想的评价效果。例如，根据评价过程的动态性特点，注重评价对象的变化状态，特别是学生的发展与变化，根据评价过程的交互性特点，正确处理评价主体与评价客体的关系，尤其要重视领导与教师、教师与学生之间的关系，根据评价过程的具体性特点，要使评价目标具体化，不能空谈，同时选择方法既要考虑到评价内容的需要，又要考虑到学生的年龄特点等。在教育评价的过程中，如果忽略了这些特点，就可能影响评价的效果，甚至会导致评价工作的失误，无法达到评价的最终目的。所以，作为评价主体，必须重视评价过程的特点，并根据这些特点决定评价的实施方案。

第二节　中学教育评价的一般过程

教育评价的过程，既是个理论问题，又是个实践问题，因而引起了国内外学者和专家的重视。关于教育评价过程的基本环节，目前有几种看法。例如，加拿大维多利亚大学教授梅森（G·Mason）将教育评价的过程分为三个阶段：

第一阶段：决定在特定教育事物的价值判断中什么性质是重要的。

第二阶段：设计可以准确测量这些性质的程序。

第三阶段：综合各种材料和数据，并形成一个价值判断。

我国有的学者，根据信息处理的过程，将教育评价过程分为四个步骤：

第一步是信息的输入：通过观察、测试、累加记录、问卷、面谈、个案调查等办法，获取教育过程的各种信息。

第二步是信息的处理：取得教育过程的各种信息后，要运用统计技术进行信息处理。

第三步是原因的分析：对各种信息进行统计技术的处理后，还要运用各学科的研究成果进行因果分析。

第四步是确认、报告、传达、决定：这一步是对信息进行检验、确认、写出书面报告，提供给有关部门，作为决策的科学依据。

上述见解，均有一定的参考价值，有助于学习和研究中教育评价的过程。

根据教育评价的实施需要，中学教育评价的过程可划分为四个阶段。

一、确认教育评价的目的

进行教育评价，首先必须明确评价的必要性，解决"为什么要评价"的问题，即确认教育评价的具体目的。教育评价的具体目的，一般分为三种类型：教授和学习的目的、管理和经营的目的、调查和研究的目的。这三种类型的评价目的是从不同角度提出来的，第一种是从教学的设计者和受教育者的立场出发的，以教和学两个大方面为目的而开展评价；第二种是从学校管理者的立场出发的，评价是以学校的全面质量管理而展开的；第三种是从教育成果的调查者的立场出发的，以教育计划的比较研究、教改实验等为主题开展评价活动。上述评价目的类型是相对划分的，在实际评价活动中可能还有一些其他的特定目的，这要由评价主体确认。

在评价的实际工作中，对任何一个对象领域进行评价，都必须首先明确是在哪一种目的的指导之下，然后再根据这个评价目的所处的地位去确定评价目标、分析的方法、资料的要求以及统计、处理的方法等。这对评价结果的概括和利用具有重要的意义。如果没有确定特定的目的就去进行评价工作，那么这种评价往往带有很大的盲目性。其结果必然导致评价顺序逆转，造成随心所欲的状态。这种评价结果，不仅效度差，而且信度也低。因此，进行评价工作，至少必须先确定一般的目的和方法。

不论是从宏观上进行评价，还是从微观上进行评价，都必须预先确认教育评价的目的。在学科教育评价中，就确立某一学科的指导计划而进行评价，也需要有明确的具体目的，否则，行动就难免会带有盲目性。例如，为了使学生能成功地进行新的学习，需要对他们的已有知识、技能基础和能力状况进行诊断；为了有效地进行治疗指导，改善学科教育的现状，需要诊断指导过的学习内容的遗漏实态；对学习者来说，为使学生能有效地进行自我控制，可有计划地组织他们进行自我批评，明确各自的学习优缺点；还可以从教育研究的目的出发，把改善以前的教育计划和指导方法作为评价的目的；等等。

上述事实仅是举例，但要成功地实现某一种评价目的，只靠某一种形式的评价还是不够的，往往需要采用几种评价形式，交叉使用。例如，以治疗指导为目的的评价，不仅要进行学业的诊断评价，还要进行智能、学习习惯、兴趣爱好等方面的评价，教师以改善从前的指导计划和指导方法为目的而进行评价，同时也可采取一些其他的评价方式，把取得的学生成绩数据作为评价资料。总之，评价活动和评价目的，不能机械地分成一对一的关系，往往是以某种目的所进行的评价，同时也兼有其他目的的评价。

二、分析教育评价的目标

确认教育评价的目的，是解决"为什么要评"的问题。而这一步，分析评价目标并使之具体化，是解决评价什么的问题，即确定具体的评价对象。要分析评价什么，就要使评价目标尽量具体化，以便获取评价的客观资料。现代教育评价领域的项目是多方面的，内容也是极其丰富的。就教育对象的评价而言，除了学业评价以外，还有智能、适应性、性格、兴趣、道德行为及身体状况的评价。从课程计划、教育计划、设施设备、教师的指导能力等学校环境直到家庭环境的评价等，都属于评价的目标范围。评价可就这些目标中的一个或两个以上的项目，在一定的目的指导下进行。

为了提高教育评价的效度和信度，并便于实施，必须对评价目标进行仔细分析，将目标构成具体的形式。例如，首先确定大目标，然后把大目标分解成若干中目标，再把中目标分解成若干小目标等。也可采取目标等级结构的形式，先确定一级目标，然后确定二级目标，再确定三级目标等。简言之，每一级的下位目标群都是其上位目标的具体化。这样分析目标，既明确评什么，又便于实施，而且又利于把评价目标同管理目标结合起来。

分析目标，一般应由评价主体承担。教师作为评价的主体，如果是根据自己设计的计划进行评价，就必须对目标进行分析，并使其具体化。在这种情况下，教师当然是目标分析的承担者。学科教育的成果主要是在学力领域。因此，就学科教育的成果而言，应该评什么，当然应体现该学科的教育目标。以英语教育为例，如果把提高英语水平作为大目标，其中目标可分为听的能力、说的能力、读的能力、写的能力和译的能力。这样进行目标分析，从整体上看条目明确了，但是目标还是过大、过于抽象，而且各个年级的要求也不一样，所以就此进行评价是困难的。为解决这个问题，需做两件事：一是把中目标分解成小目标；二是按年级分别提出不同的要求。如果小目标的内容还不太明确，可就其内容提出具体评价要求，或按四级目标的要求进行分析。例如，在初中一年级，如果把"语音语调正确"作为"读的能力"的一个小目标的话，那就可以提出下列几个具体要求：能正确地读出全部元音和辅音音标；能看音标正确地认读单词；能有节奏地朗读课文；能正确地读出降调和升调等。这样逐级逐项地进行目标分析，能体现评价的具体性，是解决程度问题。

教师在进行目标分析时，需遵循这样一条原则：必须把评价目标同指导目标、教育目标统一起来。各科教学的教育目标是国家对学生提出的基本要求，是确定评价目标的根本依据，也是编制指导目标的根本依据。因此，能否正确处理三者的关系，是学科教育评价的方向问题。如果忽略这三者之间的关系，就可能导致评价的失误。

评价目标确定之后，还需要有具体的评价标准，以便对所定的目标项目作出评价。对评价的最终结果的判断，可以采取到达度评价的方法。这是指评价主体自行设计的评价方案说的。如果是利用既定的标准化检查法，对智能、个性、性格及适应性等进行评价时，教师对评价目标就无需去改动了。

三、收集教育评价的资料

教育评价过程的第三步工作，就是为实施评价而收集资料。这些资料包括由实验、测定而得到的量化资料，也包括由观察、记录而得到的非量化资料。资料是进行评价的依据，如果评价资料不足或者是主观的，那么评价的基础就不牢，可靠性也不会强。因此，这个阶段的工作是极其重要的，是构成以技术进行评价的中心课题。

收集评价资料，应做好两项工作：一是充分地利用一定的时间、场面和机会；二是有效地利用评价的技术和工具。具体分述如下：

（一）评价资料收集的场面和机会的选择

评价主体要适时适地地把握教育效果，正确判断评价结果，就必须对资料收集的场面和机会加以选择。评价时机的选择，也是多方面的。不过，在这里侧重对观察场面和测验场面进行研究。但场面的选择取决于评价目标的性质和特点。

1. 观察场面：这是指学生在一定的场所进行看书、写字、计算、讨论、写作业和运动的场面。这个场所可以是学校的教室、活动室和运动场，也可以是其他社会实践场所。在这些地方，作为评价对象的学生是以其具体的行动方式提供评价资料的，所以评价主体必须对此进行敏捷的观察、准确地把握。通过上述场面所取得的评价资料，虽然多属于非量化资料，但却是在评价过程中所不可缺少的。例如，学习态度、学习兴趣、学习习惯、道德性及适应性等，则属于此种情况。与此相适应的评价技术和工具是观察记录法。

观察分为两种：一种是自然观察，即日常观察，系指对学生的成长与发展的变化作日常性的观察；另一种是限制观察，即选择观察，系指在选择的场面内对学生进行观察。例如，利用劳动的场面观察学生的勤劳习惯和劳动态度，利用理科实验的场面观察学生爱护器具的良好品德等。总之，观察法着重于学生自然流露的表现。因此，评价主体应选择时机去捕捉宝贵的评价资料。

2. 测验场面：这是指评价主体提出一定的问题，要求学生做出反应的一种实验场面。与此相适应的评价技术和工具是实验法。使用这种方法，评价资料是通过答案、作品和演技等形式来取得的，即获取一定的量化资料。要取得可靠的评价资料，只靠观察是远远不够的，还必须选择适当的时机，设计一定的测验场面。例如，对智能的评价，观察只能略知某些学生智力较优或迟钝，但不甚可靠。这就需要利用智能标准测验，再参照观察资料，才能做出客观的评价结论。

教育评价利用测验的机会特别多，最容易得到利用的是智能、知识、理解、思考等认知领域的目标，而对态度、性格、兴趣、品德等目标则比较困难，但有的人却在部分上利用。

测验场面和观察场面相比较，测验虽不如观察那么自然，但易于设计和控制，也容易取得预期的结果，且又较为客观。这是因为评价主体对拟定的评价目标，可以在需要的限定时间内和同一条件下取得评价资料。不过，多限于认知方面的信息，未必有行动和实践方面的证据。

（二）评价资料收集的技术和工具的利用

在评价资料的收集上，最重要的工作是给测验场面选择符合评价技术要求的最佳工具。重视评价工具，如同医生测量患者的体温必需体温计一样。医生没有体温计，就无法测量患者的体温，至于确诊病情自然就会发生困难。同样道理，作为评价主体的教师，要评价学生的学力水平，如果没有恰当的评价工具，那就无法进行评价。所以，探讨评价技术和工具，这是评价在技术学上的一个中心课题。

使用标准检查法收集资料，这是为完成评价目的而选择和使用的实验方法。教师亲自进行实验和观察时，则要自己设计问题、自己组织实施。为了更好地获取评价资料，在评价工具的选择与利用上，一般应注意三个条件，即恰当性、信赖性和客观性。

实施评价，要根据已确定的评价目标，针对学力、智能、个性、性格、适应性、品德、身体状况、教育计划、指导方法、设施设备、家庭环境等具体内容，及时选择有助于评价资料收集的技术和工具。例如，心理学的实验法、社会学的问卷法、人文科学的作品分析法、自然科学的观察记录法等，均可选用。

充分认识和了解评价目标的复杂性和评价工具的多样性，这是有效进行评价的前提。评价工具有多种类型，但在中学教育评价中常用的有下列几种：论文式测验、客观测验、问题情景测验、标准化测验、观察记录法、面谈法、分析法、调查法等。总之，评价工具不仅限于上述几种，还有其他一些方法。作为评价主体，应从提高评价的信度和效度出发，从中进行选择，或者自己动手设计一套切实可行的新方法，以适应教育评价发展的需要。

四、进行教育评价资料的处理

这里所说的处理评价资料，包括对评价资料的解释和利用。正确的解释，是利用的基础。要利用，就得对已获取的资料进行处理、加工、以利作出客观的判断。可见，这个阶段的工作对前几个环节来说具有连续性。

对评价资料的处理，是一项复杂而细致的工作。例如，要对资料进行整理、评分和统计，要按照一定的评价标准进行解释，还要根据原定的评价目的和要求加以利用等。这些工作都是从价值上对评价资料进行解释和判断的。因此，可以说它是教育评价的本质所在。如果没有这个阶段的工作，即使有正确的客观评价资料，也不能揭示教育评价的意义，自然也不能用于改进今后的教育工作。虽然这个阶段的工作具有特殊重要的意义，但并不是把资料的解释和利用全都放到最后阶段去做。实际上，在制订评价计划时已考虑到这方面的工作，并贯穿于评价的全过程。从这个意义上看，此项工作是整个评价工作的有机组成部分，是前面工作的延续，并非是一个孤立环节。

进行评价资料的处理，应侧重做好两个方面的工作，即对资料的评分、统计和解释。

（一）评价资料的评分与统计

评价资料包括定性和定量两大类，其中评分是获取量化资料的关键。在学校教育中，评分对一个教师来说是"家常便饭"之事，并不稀奇，但从教育评价的角度看，评分却不是一件简单的事情，它关系到评价的客观性问题。因此，要进行客观的评价，就必须对评价所用的种种测验进行客观的评分。评分，一般是对正答给分，但有时对误答也评分，即扣分。这里值得特别提出的是，要对误答作出客观的分析。这种分析既要找出错误的地方，又要分析错误的程度和原因，明确需要改进的地方。这样做，有利于进行诊断性评价，促进学科教育工作的改善。目前存在的问题是，有的人是给领导"交差"的，还没有从诊断性评价的高度来看待这个问题，往往出现一些形式主义的作法。这是有待解决的一个问题。

在评价资料的处理过程中，还要正确对待目前尚难量化的评价内容。例如，对兴趣、性格、态度等项目的评价，往往使用符号"√"和"×"，这实际上不是评分，而是表示学生在这些方面的方向性，所以说，在这种情况下的学生答案不是一个对或错的问题。对这类评价内容的处理，需取慎重态度。根据评价工作的需要，如果要用量化的方法解释，可以根据其类型和所代表的方向性记分，以便处理和解释带有倾向性的问题。

为了使评价主体对评价测验的成绩作出正确的解释，还应进行必要的统计工作。究竟要做哪些统计工作，可视评价工作的需要而定。例如，计算平均分、标准分数等，这都是些初步的统计工作。近几年来，由于测定技术的发展，有些地方已用机械评分取代人工评分，在资格认定性的评价活动中电子计算机的使用多起来了，这对提高评价信息的科学性发挥了极为重要的作用。

（二）评价资料的解释

对评价资料能否作出科学的解释，是关系到教育评价效果的重要问题。如果不能进行恰当的解释，即使取得了足够的量化资料，也难做好评价工作，更难揭示教育评价的本质。为了做好评价资料的解释工作，必须选择相应的解释方法，否则，再好的愿望也不能实现。以对学生的评价测验为例，如果某学生在数学考试中得 70 分，那么就应对这个得分的标准作出必要的解释。解释的方法，一般有三种：

1. 绝对解释法。

绝对解释法，是以国家对教育课程的规定要求或标准测验的要求为标准，将学生的成绩同这个既定的客观标准对照解释，从而分析、判断学生达到教育目标的程度。例如，在评价测验中规定，对某学科的成绩评定，60 分以上为及格，60 分以下为不及格，这里的及格与不及格的界定是绝对的。这种解释方法，就是采取了绝对评价的观点。

2. 相对解释法。

对评价资料采取相对解释法，是以学生所在班级的学业水平为标准的，通过互相对比来作出判断。在学科教育中，任课教师经常使用这种方法来评价学生的学力水准。例如，有的班主任把全班学生的各科成绩按人头分别相加，每人都有各科的总分，再按优劣程度从高到低排列，从中分析每个学生在班级的地位。这就是一种相对比较的方法。这种方法使用面很广，可用于学科教育，也可用于班级及学校管理等。

3. 自我解释法。

自我解释的标准，是学生自己设定的，并对个人的成绩进行自我剖析，不与他人比较。这种方法要求学生根据个人的学力、兴趣、态度、健康状况、环境因素、进步程度等，作出符合本人实际的解释。以语言学习为例，可以进行横向比较，判断听、说、读、写等能力中哪一项比较好；也可以进行纵向比较，判断自己的语言水平比过去有哪些提高。这种方法，可用于某一学科评价，也可用于多学科的综合评价。

第三节　中学教育评价的实施原则

教育评价的原则，是指进行教育评价所必须依据的法则或准绳。它是指导评价工作的一般原理，又是对评价工作提出的基本要求。评价工作只有在正确的评价原则的指导下，才能更好地克服评价工作中的主观随意性，使评价沿着正确的方向发展。

教育评价的原则，是根据对教育的客观规律的认识提出来的。因此，它是客观规律的反映，而客观规律又是制定评价原则的根本依据。作为反映客观规律的教育评价原则，虽然是主观上制定的，但却是体现了教育评价活动的规律性的东西，它对开展教育评价具有指导意义。

一、教育评价原则的特点

（一）教育评价原则具有指导性

任何一种有效的评价行为，都是评价主体自觉或不自觉地遵循某种评价原则的结果。无论是评价受教育者的发展变化，还是评价构成其变化的诸种因素，都离不开教育评价原则的指导。评价效果不佳或者失败，其原因可能是多方面的，但重要的一条可能就是离开了正确的评价原则的指导。因此，评价工作只有在正确的评价原则的指导下，才能达到预期的目的，取得良好的效果。

（二）教育评价原则具有级差性

原则是指事物发展的一般法则。但是，由于原则的外延宽窄不一，所制约的范围大小也不一样，有的制约全面，有的制约局部，有的制约高层次，有的制约低层次。这种现象称作原则的级差性。研究和运用教育评价的基本原则时，要注意它的级差性这一特点。某一评价原则既不能用高层次的原则取而代之，也不能把较低层次的原则统统包括在内。教育评价的基本原则，既要接受高层次的原则指导，又要指导低于它的较低层次的原则。

二、教育评价的基本原则

根据上述特点，教育评价的基本原则可归纳为 5 条：目的性原则、客观性原则、诊断性原则、全面性原则及连续性原则。

（一）教育评价的目的性原则

教育评价的目的性原则，要求评价活动不能偏离教育目标。这里的教育目标有两层含义：一是指国家给中学规定的培养目标；二是指各个学科的教育目标。这两种类型的教育目标，给办学与教学指明了方向，是制定评价目标的根本依据，而评价目标又是教育目标的具体体现。实现教育目标，不仅是学校整个教育工作的目的，而且是各项评价工作的目的。因此，所谓坚持教育评价的目的性原则，就是要把各种评价活动置于上述目的的指导之下，把完成教育目标、提高教育质量作为教育评价的根本目的。也就是说，教育评价活动是为完成教育目标服务的，它是提高教育质量和管理水平的基本环节。因此，任何评价活动都必须在一定的目的指导下进行，否则，评价就会偏离正确的方向。

教育评价活动还可以确定一些具体的评价目的，例如，教授与学习的目的、管理与经营的目的、调查与研究的目的等。任何一项评价活动，都有其特定的评价目的。一般来说。无目的的评价是没有的，否则，就必然带有盲目性。如果是从教授与学习的目的出发进行评价，那么在评价过程中就要正确处理评价内容和指导内容的关系，使评价目标和指导目标相统一。如果两者不统一，评价就成了与教育活动无关的东西，而且还会把这种评价结果误认为是教育成果。因此，应按照评价的目的性原则要求，对评价结果进行自我反省，判断教育目标是否得到了评价。例如，有一位教师为了评价学科教育目标的完成情况，就事先确定了一个成绩评定的分数比例：基础知识占50%，分析和综合能力占40%，学习态度占10%；但是，在具体评价时却没有按原方案进行，而是把评定比例改为：基础知识占70%，上课态度和作业情况占30%。这样的评价就偏离了既定的目标，也违背了评价的具体目的。这样，教师就不可能从学生身上判断指导目标实现与否及其达到的程度，而学生也不可能从中得到与指导目标相一致的指导。其结果只能是引导学生为了得到好的评价而注重基础知识和课堂态度等，相反，对高层次能力的开发却不重视。因此，在教育评价的过程中，必须坚持评价的目的性原则。

（二）教育评价的客观性原则

教育评价的客观性原则，要求评价以正确的资料为基础，对教育成果进行客观的价值判断。从教育评价的历史发展看，评价是以探讨其客观性而展开的。所以，追求教育评价的客观性，是现代教育评价的一个基本特点，也是教育评价的一条重要原则。

教育评价是进行价值判断的。因此，必须尽可能客观地把握评价对象，否则，就不能作出符合实际的科学判断。这一原则，对评价主体提出了更高的要求，他们必须按照评价标准对评价对象作出客观的价值判断。评价主体能否客观地进行评价，必然对评价对象产生极大的影响。如果评价是客观的，就能更好地发挥评价的激励作用，使被评价者的信心倍增，奋发向上。如果评价是主观的，就会挫伤评价对象的积极性，破坏评价双方的心理平衡。因此，从科学的方法论的立场上看，是采用主观的方法还是客观的方法，对评价结果会产生极大的影响。

　　在评价的过程中，坚持客观性的原则，还要克服主观随意性。在现实的一些评价活动中往往渗透着主观主义的色彩。这不仅表现在评价的过程中，而且表现在对评价结果的利用上。造成这种主观性的一个重要原因，是评价主体的评价观点和评价标准的不同。往往有这种情况：评价主体对某个方面特别重视，就给予较高的评价；不重视，就给予较低的评价。由此所产生的个人差是很大的。造成主观性的另一个原因，就是人的认识和判断的局限性。也就是说，即使评价标准是统一的，也难免带有主观的评价色彩。在日常评价活动中，也有类似情况出现。如果一个学生在某一方面突出好或差，就对他作出比实态更好或更差的评价；如果一个学生的学习成绩好或差，评价时甚至连其他方面也被认为是好或差。这样的评价，往往被个人感情所左右。例如，有的学者对作文比赛的获奖者做过研究，50名学生的作文分别由8名教师逐篇评定，并经协商评出一、二、三等奖和佳作。其中获一等奖的A学生，实际评他为一等或二等的教师只有4名，占50%，其他4名教师评他为三等，占50%；获二等奖的B学生和C学生，评B学生为一等或二等的只有2名教师，占25%，评他为三等的2名，占25%，评他为佳作的4名，占50%，而评C学生为一等或二等的2名，评他为三等的 2 名，各占 25％，评他为佳作的 3 名，占 37.5％，还有 1 人根本不同意他入选。这里的差别是很大的，获一等奖的作文，竟有 50％的教师评为三等，而获二等奖的作文，竟有 50％的教师评为佳作，没有入等。

（三）教育评价的诊断性原则

从教育评价的过程看，诊断贯穿于评价的全过程，评价的过程就是一个诊断的过程。从确定评价目的到目标分析、从收集评价资料到资料的处理、解释和利用，每一个环节都包含着诊断。所以说，评价在本质上是具有诊断功能的。把诊断性作为评价的原则，正是这种评价客观性的反映。评价的诊断性原则，要求客观地收集评价资料，并对此进行具体分析，作出科学的诊断，分清评价结果的优劣，以利今后工作的改善。

教育评价的"诊断"，同医学的"诊断"在道理上是一样的。在医疗活动中，医生是靠尽可能精确的科学医疗方法，从患者那里收集有关病情的客观资料，这称作医疗检查。同时，医生又要根据自己的学识和经验等条件，对所获取的病情资料进行分析、比较、综合，最后对患者作出判断，这就是医疗诊断。这个诊断与治疗是构成一体的，要治疗就必须诊断，诊断是为了治疗。可见，医疗活动是以治愈为目标而展开的。教育评价活动如同医疗活动一样，教师作为评价的主体，要运用有效的评价技术从学生那里收集客观的资料，这个阶段一般称作教育测定，相当于医疗检查。同时，还要根据教育评价的标准，对所收集的资料作出客观的判断。在教育活动中，评价和指导是一致的，把评价的结果用于指导和改进今后的工作，这也是评价的目的所在。这就不难看出，教育活动是以实现一定目标为目的而展开的。

教育评价的诊断性原则，要求教师就评价对象作出价值上的判断，以便改进下一个阶段的工作。这同医生诊断病情一样，诊断是为了治病，否则，诊断是毫无价值的。从这个意义上看，教育评价与医学诊断可以说具有相同的过程和相同的机能。总之，教育评价必须按照诊断性原则的要求，对评价对象进行确认，肯定成绩，找出问题，采取措施，改善工作，从而促进学校教育质量的提高。

（四）教育评价的全面性原则

教育作为一种社会现象，并不是孤立存在的，而是与政治、经济及社会发展有着极为密切的关系。因此，对中学教育进行评价，必须坚持全面性的原则。所谓全面，是跟片面相对而言的，是指事物各个方面的总和。教育评价的全面性原则，要求评价主体在观察和处理问题时，要从事物的整体上去把握矛盾的各个方面，不能只看事物的一个方面，不看另一个方面，不能只见树木，不见森林。总之，要把握事物的整体及其发展的全过程，要从全局的观点出发去了解事物的全貌，要站在全局的立场上去解决局部的问题。

教育评价的对象领域是非常广泛的，可以说它包括了学校教育管理的各个领域。而各个领域之间的关系又极为密切，且又很复杂。因此，进行教育评价时，只有从评价对象的相互关系中去研究评价资料，才能正确地认识客观事物，做出客观的、全面的评价。如果离开了整体，离开了评价对象所处的时间和条件，那就会是只见现象，不见本质。这样，就容易犯片面性的错误。例如，对普通中学的教育质量进行评价，就要坚持全面的质量观，要看升学率，但不能把升学率高低作为办学好坏的唯一标准。在全面贯彻党的教育方针的前提下，一所学校的升学率高是件好事，不是坏事，它是学校办得好的必然结果。当前的问题是，有的学校在片面追求升学率，把升学率高低看成是衡量学校的唯一标准，于是就只抓毕业班，忽视非毕业班；只抓智育，轻视德育。这样评价一所学校，就偏离了正确的方向。因此，评价办学水平，必须坚持全面的质量观。

评价学生，也是如此。学生作为评价对象，是动态多变的。对学生的评价，坚持全面性的原则尤为重要。固然评价学生是着眼于当前，但也不能孤立地看问题。一般来说，要想全面了解一个人，就不能只看现在不看过去，或只看过去不看现在，更不能只看枝节，不看主流，以偏概全。评价学生的质量，必须从德、智、体等几个方面去衡量，力戒片面性。如果是抓住某一件事，就轻率下评价结论，往往容易搞错，甚至影响学生的成长与发展。因此，要做好评价工作，就必须坚持全面性的原则。不论是对人的评价，还是对物或事的评价，都要有确凿的资料作依据，以便把握事物的整体，作出科学的全面评价。评价如果不从事物的联系中去把握事实，而是靠片断的资料作根据，那只能是一种儿戏，根本无法全面地评价教育质量。

　　（五）教育评价的连续性原则

　　教育系统在整体结构上具有层次性，在目标内容上又具有连续性。各级各类学校在学校教育体系中所处的地位，不仅表现其分工的不同，而且表明其相互之间的衔接。学校之间有衔接，年级之间也有衔接。这种衔接，就是一种连续性。因此，对学生的评价，要坚持连续性的原则。这一评价原则，要求评价主体从发展的观点出发，充分利用累进成果，对学生做出客观的评价。也可以说，这是对学生进行有计划的连续评价。

　　培养人才的数量和质量是评价学校的根本标准。但是，作为人才的培养周期是比较长的，如小学 6 年，初中 3 年，高中 3 年，大学 4、5 年，合计为 16 年到 17 年。从学生的成长与发展来看，教育成果的取得是一个累进的过程。虽然每个阶段的学习都有其特定的目标，但其前后阶段又都是衔接的，前段是后段的基础，后段又是前段的继续和发展。因此，进行学力评价时，要判断本阶段目标任务的完成程度，就要设法确认前一阶段的水平，否则，本阶段的目标到达度是难以判断的，即使判断了，其评价结果的效度也比较低。要提高教育评价的效度，就要坚持评价连续性的原则，充分利用各个阶段的评价结果。例如，评价高中学生的外语学力水平时，如要判断高中阶段学生学了多少单词，就得弄清初中阶段学了多少单词，即在初中评价的基础上进行评价。如果从整体上评价学生最终学力水平，就要看累进效果，不能孤立地只看某一段的情况。

评价中学教育成果，要利用累进效果，以便通过评价确定今后的工作方针。虽然各级学校的培养目标都具有阶段性的特点，但就教育对象的成长看又有连续性的特点。也就是说，中小学是基础教育，而小学又是基础的基础，小学是初中的基础，初中是高中的基础，高中又是大学的基础。各级学校都是互相衔接的，这个衔接好比运动会上的接力赛一样，一棒接一棒地前进。要出好成绩，各棒的连续成绩必须好，任何一棒出了故障，都会影响整体成绩。评价教育成果也是这个道理，要根据评价的连续性原则的要求，既要重视阶段效果，又要重视累进效果。从这一观点出发，要把立足点放在培养新时代所需要的人才的质量上，并且要层层把好质量关，以确保整体质量。例如，要评价初中阶段学生的质量情况，就要利用小学毕业时的评价结果，以便作出客观的评价，并确定今后的工作方针。目前，有些学校搞入学质量调查，就是为了更好地解决这一问题。

在中学教育评价过程中，坚持连续性原则，应注意防止两种倾向：

第一，只强调过去的评价信息，忽略当前的实态信息；

第二，只注重评价信息的积累，忽略其实际利用。

第三章　中学生道德水平的评价

　　教育评价的主要对象是学生，而学生的质量又是评价办学水平的根本标准。因此，对学生评价的探讨则成为教育评价研究的中心议题。

　　学生的质量是由多种因素构成的，其基本因素是德、智、体。因此，衡量学生质量高低的标准，概括地讲，就是看他们在德、智、体等方面是否得到全面发展。这是评价学生的综合标准。由此可见，研究学生的评价，不仅要看智，而且要看德，还要看体，这是由全面发展的方针决定的。

　　道德品质是学生发展水平的一个重要标志。因此，无论从教育的观点出发，还是从管理的观点出发，道德水平的评价都是一个急待研究的问题。评价道德水平，难度比较大，从标准的制定到方法的选择，目前还没有一个理想方案，许多教育理论工作者和实际工作者都在进行实验和探讨。

第一节　中学生道德水平评价的意义与作用

　　近几年，由于教育评价的研究发展比较快，有力地促进了中学教育质量的提高。但是，其发展还是不平衡的，就对学生的评价而言，智育方面的评价研究得多一些，而德育和体育方面的评价研究却相对少一些，尤其德育方面的评价则更少。因此，充分认识道德水平评价的地位和作用，对提高德育工作质量、促进学生的全面发展具有十分重要的意义。

一、道德评价的一般特点

（一）道德的含义

道德是精神文明的一种表现形式，道德水平是衡量一个人文明程度的重要标志。在社会生活中，往往可以听到"某某道德高尚"、"某某道德败坏"或"某某品德好"、"某某品德不好"的议论。这实际上是用一定的道德规范来评价人们的行为。

人是生活在社会之中的，任何人的一言一行，都必然同他人发生关系，同社会发生关系。在这种交往的过程中，一个人的思想、行为对他人或社会是有益还是有害或是好还是坏，总得有个衡量的准则。这个准则，就是通常所说的道德。因此，所谓道德，就是指人们的行为准则和行为规范的总和。道德是一种社会意识形态。它不仅用于调整人们之间的关系和行为，而且用于判断人的思想品德、道德修养和理想境界等。这是一种广义的解释。道德，通常是通过人们的内心信念、社会舆论的力量、各种教育手段和传统、习惯等，以善与恶、美与丑、正义与非正义、公正与自私、诚实与虚伪、荣誉与耻辱等道德观念，来判断与评价人们的行为。

道德的四个基本要素是道德意识、道德情感、道德意志和道德行为。其突出特点是知与行的统一。中学生通过书本学习、社会实践和家庭教育，可以掌握一定的道德知识，形成一定的道德观念，懂得判断善与恶的道理，知道怎么做是道德的和怎么做是不道德的。但是，仅仅从知识上了解道德是不够的，还必须体现在行动上，即具有良好的道德行为，否则，就不能算做有道德的表现。因此，进行道德评价，必须做到知与行的统一。

（二）道德评价的一般特点

1. 道德评价的阶级性。

道德，是一种社会意识形态。它既是一定的经济关系的反映，又是为一定的经济基础服务的。在阶级社会里，道德评价具有鲜明的阶级性。恩格斯指出："一切以往的道德论归根到底都是当时社会经济状况的产物。而社会直到现在还是在阶级对立中运动的，所以道德始终是阶级的道德。"（《马克思恩格斯选集》第3卷第134页）在阶级社会中，社会生产关系集中表现为阶级关系。由于人们在生产关系中所处的地位不同，所代表的阶级利益不同，因而在不同的阶级之间产生了不同的道德评价标准。例如，奴隶主阶级把任意压迫、剥削甚至鞭打、买卖奴隶都看作是道德的行为，把奴隶的任何反抗都看作是大逆不道的，而奴隶则把勤劳、俭朴和反抗看作是美德；封建地主阶级以其伦理纲常维护统治秩序为道德，而农民则把勤劳俭朴、勇敢顽强、反抗地主阶级的剥削与压迫视作自己的道德准则；资产阶级的道德表现为唯利是图、自私自利、金钱至上等，为了达到个人贪欲，不惜投机取巧、背信弃义、尔虞我诈，而无产阶级则把热爱祖国、关心集体、团结互助等视为美德。因此，不同的社会，不同的阶级，都有不同的道德评价标准。

任何一个阶级都是按照本阶级的道德规范去培养人的。也就是说，一定社会、一定阶级要培养它所需要的人，就要向学生灌输本阶级的道德观点。例如，封建的道德观要求学生"学而优则仕"，而社会主义的道德观则要求学生做四化建设的栋梁，强调树立为人民服务的思想和集体主义的精神。但是要看到，在我们的现实生活中封建道德和资产阶级腐朽思想的影响还存在。因此，在进行道德评价时，要坚持社会主义的道德观，注意清除种种不良影响，把握道德评价的正确方向。

2. 道德评价的层次性。

研究道德评价的层次性，对制定评价目标和选择评价方法具有十分重要的意义，同时又有助于加强思想品德教育的针对性，提高道德教育的质量。

从整体结构上看，在社会主义道德体系中有共产主义道德、社会主义人道主义、社会公德、职业道德及家庭婚姻道德等等。其中共产主义道德是现实人类的最高道德，是这个道德体系中的最高层次和最高要求；而社会主义人道主义、社会公德、职业道德等，则属于基本层次和基本要求。这种多层次性，实际上是多种多样的社会关系以及人们本身表现出来的多层次性在道德要求上的客观反映。社会存在决定社会意识，我国现存的多种经济成分、形式和经营方式，会对人们的道德观念产生直接的影响。社会主义道德在社会生活中起着主要的调节作用，但这并不等于说该体系中所有的东西都已被人们全部认识和接受，其间有一个渐进的过程，由于各地区经济、文化发展不平衡，人们的科学文化水平、思想觉悟、认识事物和辨别是非的能力也不一样。这些因素，都会对人们的道德观念产生直接的影响。

社会主义道德的这种多层次性，决定了道德评价的层次性。也就是说，对不同觉悟程度的人要用不同层次的道德标准去评价。例如，对党员和党员干部，要用社会主义道德体系中的最高层次和最高要求即共产主义道德去评价，而对广大群众就要用基本层次和基本要求即社会公德、职业道德去评价。各行各业都有本部门的职业道德，例如，商业职业道德、医生职业道德、学生道德，等等。就学生道德而言，也有很多层次，如大学生道德、中学生道德、小学生道德等。进行道德评价，对不同层次的学生应有不同的要求。例如，对小学生的要求是：要具有爱祖国、爱人民、爱劳动、爱科学、爱社会主义等思想品质，具有良好的行为习惯、活泼开朗的性格和初步分辨是非的能力；

对初中学生的要求是：要使他们热爱社会主义祖国，热爱社会主义事业，热爱中国共产党，初步树立为人民服务的思想，培养为社会主义现代化建设献身的责任感，培养他们具有社会主义道德品质、集体主义观念和良好的文明习惯，使他们具有一定的分辨是非和抵制不良影响的能力。

在强调道德评价的层次性时，决不能忘记社会主义道德建设的根本目的。中国共产党的最终目的是在中国实现共产主义。因此，在加强社会主义道德建设中，要大力倡导共产主义道德，充分发挥它在道德建设中的主导作用，使共产主义道德同其他层次的道德有机地结合起来。

二、道德评价的功能

（一）道德评价能促进学校全面贯彻党的教育方针

学校是培养人才的重要场所，必须按照党的教育方针对学生进行德、智、体等全面发展的教育。这是建设高度文明的、高度民主的、现代化的社会主义强国的需要。这里所说的人才，并非只限于高级专家，还包括能适应社会主义现代化建设需要的各个层次、各个方面的人才，诸如各行各业基层经营管理人员、各种技术人员及各种技术工人等。这些人都是新时代需要的人才。新时代所需要的人才，应该是有理想、有道德、有文化、有纪律，热爱社会主义祖国和社会主义事业，具有为国家富强和人民富裕而艰苦奋斗的献身精神，应该不断追求新知，具有实事求是、独立思考、勇于创造的科学精神。培养人才，一定要按照上述标准来培养。如果缺乏新时代的精神和品质，没有理想，没有纪律，不管有多少文化科学知识，也不能算做合格的人才。由此可见，道德评价是全面评价学生质量的重要组成部分。通过具体的评价活动，不仅能促进学校全面地贯彻党的教育方针，而且能促进学生的全面发展。从这个意义上看，道德评价具有导向的作用，它能使评价者和被评价者明确今后的努力方向。

但是，目前对学生道德评价的研究和试验还不够重视。其原因是多方面的，除了道德评价本身因素复杂、难度大以外，还有个重视程度的问题，即认识问题。例如，有的地方教育行政部门衡量一所学校办得怎么样，只看升学率，把升学率作为衡量学校的唯一标准，重智育轻德育的倾向至今未得到彻底的纠正，往往是以"一好"代替"三好"。有些学校虽然也有道德规范，但贯彻落实不力，有些教师在片面追求升学率的压力下，对学生的道德评价只写优点，不写缺点，千篇一律，缺乏个性，有的竟然出现评语复写的天下奇闻。这些作法，都会程度不同地影响思想品德教育的质量。因此，应重视学生的道德评价，把它看作是全面贯彻教育方针的重要组成部分。

为了克服上述倾向，很多学校都已采取或正在采取有效的措施。例如，太原市某中学试验对学生品德行为的评价，制定了《学生品德行为考评量表》，对学生的德、智、体及多种能力进行全面评价，收到了较好的效果，使重智轻德、以"一好"代替"三好"的不良倾向得到克服。从试验班学生的期末各科成绩同品德行为评价的差异可以看出，学习好不等于品德好，而品德好也不等于学习好。例如，该校高二某班学生 A 总成绩是 514 分，学生 B 是 478.8 分，学生 C 是 469.5 分，学生 D 是 456 分，这 4 名学生在班里的学习成绩都属优等，但品德评价却都是丙等。而有些学生由于基础差和智力的原因，造成学习成绩差，如高一某班学生 A 期末总成绩在全班倒数第 3 名，学生 B 是倒数第 5 名，但她俩的品德评价都是优等。这样客观地进行道德评价，有力地促进了教育目标的全面实施，使学生从中受到了教育。

（二）道德评价能促进学生的成长与发展

通过客观的道德评价活动，不仅能促进学校全面贯彻党的教育方针，而且能促进学生的全面发展，使他们明确今后的努力方向。在道德评价工作中，很多学校都采用学生自我评价、小组成员互相评价和班主任评价相结合的办法，有的还采取定性分析与定量分析相结合的方法等。尽管有的方法是在探索之中，但都注意调动学生的积极性，使他们参与评价活动，即既评价自己也评价别人，从中受到了教育，看到了自己的长处与不足，明确了今后如何做，同时也培养了他们的道德评价能力。例如，某学校初中有一个班，过去是全校出名的乱班，有些学生竟以损坏桌椅的快慢来比谁干得开心，使班里的课桌遭到严重损坏，甚至连讲桌也被破坏成了一堆木棍木板。经过学校和教师的批评、教育，特别是实行品德评价制度之后，学生的是非能力提高了，荣辱感也增强了，人人争做好事，主动维修被破坏的课桌等，该班风纪已明显好转。这说明，道德评价不仅促进了班级集体的形成，而且使学生本人受到了教育。

　　培养学生的道德评价能力是学校道德教育的一个重要任务。实现这一任务的重要途径，就是有计划地、有组织地开展道德评价工作，使学生在评价实践活动中增长才干，培养与提高他们的道德评价能力。为了提高学生的道德评价能力，有的同志对初三学生的道德评价能力进行了调查，从对 11 所中学 44 个班的 675 名学生的统计看，初三学生具有一定的道德评价能力，但也存在一些问题。例如，对"讲礼貌，帮助别人"的学生表示敬佩的占 65.78%，对"学习好，听老师话"的学生表示尊重的占 16%，对"不顾集体，专为自己打算的人"的学生感到不满的占 8.74%；认为"开后门是败坏社会风气"的占 82.67%，但在回答"你是否想开后门"时，却有 25.48% 的学生回答"想开后门"，"有后门开是好事"。这几个数字，虽不能代表学生的全貌，但却能给道德教育及其评价工作提供一个情报：学生知与行的统一乃是今后道德教育工作的一个重要任务。

通过道德评价的实践活动，要使学生认识到，道德因素是人才成功的关键，它制约着一个人的发展方向。因此，应自觉地加强道德修养，树立正确的道德观念，把自己的学习同实现四化的宏伟目标紧紧联系起来，并准备为这一目标的实现贡献力量。这在一个人的成才过程中是非常重要的。例如，居里夫人为了造福于人类，因从事镭的研究而被放射性元素侵害，最后死于恶性贫血。这种自我牺牲精神说明，一个道德高尚的人，他的工作目标就是生活目标。有的人把目标定在"私利"上，虽然在某个时间里也能起一点刺激作用，但不会持久，甚至会迷失前进的方向。这是应引以为戒的。例如，某大学材料系86届毕业生×××，23岁，党员，班长，学习成绩优秀，被分配到中国科学院计算所，几天之后就对自己的满意机遇从沸点陡然降到零点，向组织提出另行分配的要求，领导决定把他分到院基建局，但他仍不满意，又提出调换单位，领导又同意了，并让他在科学院所属的单位走一走，全面了解情况后再自己选定。3天之后，他走遍了科学院的直属单位，竟没有找到适合自己工作的单位，最后提出退回学校另行分配的无理要求，并表示：如果不行，就不活了。其间领导的帮助、老师的忠告、女友的规劝都没有使他猛醒，最终走上了悬梁自尽的道路。这个例子从反面告诉人们：离开了崇高的道德信念，不图奋发、不图建业的"成才"之路是走不通的。

（三）道德评价能促进思想品德教育管理工作的科学化

近几年，很多地方都在探索思想品德教育管理工作的科学化问题，并把道德评价作为教育改革的重要课题来抓。但是，由于道德评价还没有一个切实可行的度量标准，给具体评价工作带来许多困难。当前，在学生道德评价中存在的主要问题是：

第一，习惯于"算总账"，平时对学生的指导与帮助不够。

当前，对中学生的道德评价，一般都是采取写评语的方式，使用描述性语言进行评价。这一项工作按常规在期末进行，但存在的问题是：评语里很少写缺点，甚至不写缺点，能写上一个"希望今后……"就是不错的了。即使写缺点，学生也只能在期末得知，而平时却缺乏对他们的帮助和指导。

第二，缺乏科学的评价目标体系，往往凭观察印象作结论。

现在的道德评价，由于缺乏一个客观依据，即评价目标，所以评价者往往愿意写什么就写什么，愿意写多少就写多少，主观随意性很强。即使是这样，也难以写出个性差异，甚至初中和高中的评语也不好分辨。如果用一句话来概括，那就是八股文风很浓。

第三，重视来自教师的评价，忽略学生的自我评价。

重视教师对学生的评价，这并不错，问题在于只靠班主任教师评价，而不组织或很少组织学生进行自我评价，这对客观地进行道德评价是个损失。有的教师自己不动手或者说是"忙不过来"，于是就请学生干部代为行文，帮助自己给学生写评语。这样做，给道德评价带来的问题也就更大了。

为了解决现行道德评价中存在的弊端，使道德评价符合科学化、规范化的要求，许多地方都在进行探索，并且提出了有价值的设想或试验方案，有的正在进行道德评价改革的试验。例如，上海市教育科学研究所组织的德育评价研究小组，提出了"学生品德评定项目"和"学生评定类别量表"；北京市教育科学研究所组织部分中学从探讨学生思想品德评价问题入手，制定德育的标准，研究和试行学生思想品德评定的量化工作；还有的地区中学从改革学生思想政治教育管理入手，分别在初中和高中对学生品德行为进行评价的试验；等等。这些评价改革和试验，在不同程度上促进了思想品德教育管理工作的科学化和规范化。例如，太原市某中学在试验总结报告中谈到：他们对学生道德行为的评价，是根据学生的态度、行为所表现出来的效果给予价值的判断。这种办法主要靠教师和学生日常观察、了解来获取评价资料，过去单靠教师的主观印象作定性的评定，现在是师生共同配合进行。在评价过程中，采用了定性与定量相结合、直接量化与二次量化并用的方法。他们把评价的标准和可比的因素及评价等级看作一个集合，这样就改变了过去只用定性不用定量分析的状况。在评价形态上，运用了形成性评价和总结性评价。由于采用了比较科学、客观、可行的方法，使学生品德行为考评试验收到了比较好的效果。

这个例子说明，尽管他们是在进行道德评价的试验，但却是一次有益的探索。它促进了学校思想品德教育管理工作的科学化，使学校德育管理有目标、班主任经营有依据、学生实践有准则，从而提高了学校思想品德教育的质量。

第二节　中学生道德水平评价目标的确定依据

目前，在开展道德评价的过程中，急需解决的问题之一，就是确定道德评价目标的依据问题。如果对这个问题在认识上能趋向一致，那么选定评价目标就有所遵循了。从道德评价的现状看，地区有地区的标准，学校有学校的标准，班级有班级的标准。也就是说，层层都有自己认为可行的标准，而且每一个下级单位都把上级单位制定的标准作为根据，结果评价标准的项目层层加码，项目越制定越多，有的竟达几十条，甚至上百条之多。这样不仅不利于实施，而且不利于评价者把握评价方向。

造成这种现象的一个重要原因，就是确定评价目标的依据不同或不大相同。评价者都从各自的角度提出一些评价目标，有的大体一致，有的分歧还较大，这不利于客观地评价学生的道德水准。因此，在研究道德评价目标时，也应对确定评价目标的依据进行必要的探讨。

一、确定道德评价目标的理论依据

从德育过程的基本规律看，道德认识、道德情感、道德意志和道德行为是构成一个人思想品德的四项要素。在德育过程中，不仅要重视提高学生的道德认识，而且要努力培养学生的道德情感、道德意志和道德行为的习惯，从而促进知、情、意、行的和谐发展。

人们把中学阶段形象地称作黄金时代，这意味着中学时期是一个人成长与发展的关键阶段。在这个阶段，道德认识对学生思想品德的形成具有重要的作用。道德认识是产生道德情感、道德意志和道德行为的基础。如果缺乏理论认识，那就难以形成稳定的思想品德，往往会出现盲目的行动和一时的感情冲动。因此，要使学生懂得应该怎么做和为什么要这样做的道理，从而树立正确的道德观念。例如，学习目的和动机、学习态度、不断进取的精神、理想前途等，对学生思想品德的形成影响甚大。

道德情感具有调节行为的功能。良好的道德情感是一个人前进的原动力，正如列宁所说的："没有人的感情，就从来没有也不可能有人对于真理的追求。"（《列宁全集》第 2 卷第 255 页）这说明，一个人对他所接触的事物有没有情感、有何种情感，必然对其态度和行为产生直接的影响。例如，热爱祖国的高尚感情，参与人们的思维活动以后，就会变成一种渴望祖国繁荣富强的动机，从而奋发学习。化学家唐敖庆在美国留学期间，翻遍了中外文献，只见无数定律原理全都是外国人的名字命名的。他为此感慨万分，下决心"一定要在世界上为祖国科学争上一席地位。"这种动机驱使他把奋斗目标定在理论化学上，并作出了一系列重要发现。对中学生来说，道德情感尤为重要。他们富于激情，许多事都是以情感为转移的，所以要重视这一因素对思想品德形成的影响。例如，爱国主义情感、集体主义情感、劳动情感、个人成长的责任感及兴趣爱好等，对中学生的思想品德影响很大。

在学校教育中，教师经常向学生提出学习要有明确的学习目的和克服困难的精神。这实际上是在培养学生的道德意志方面提出的要求。明确的目的和克服困难的精神是意志行动的主要特征。目的就是行动的方向，没有明确的目的，就谈不上什么意志；没有克服困难的精神，也谈不上什么意志。所以，一个有经验的教师，对学生意志力的培养是非常重视的。在学生的学习生活中，经常可以看到，有的学生虽然有一定的道德认识，甚至也有良好的道德行动愿望，但由于缺乏意志力而不能付诸于实践；有的学生虽然能付诸于实践，但由于毅力不强半途而废，难以坚持到底。为此，进行道德评价时，要重视道德意志这一因素。例如，意志坚强的性格、坚韧的毅力、自制的能力及独立生活的能力等，对中学生都是极为重要的。

评价学生的道德水准，就是要看看学生的道德面貌怎么样，因为道德面貌是通过道德行为表现出来的。这就是说，学生的道德行为是评价其思想品德的主要标志。俗语说："听其言，观其行"，就是既要看一个人的认识怎么样，又要看其行为表现怎么样，而且更重要的是看在实践中的表现。这是知与行的统一观。但是，知与行的脱节现象在中学生里还是比较多的。有的学生从道理上弄懂了，但是往往做不到；有的人决心一表再表，但就是少见于行动，这在一部分表现差的学生中尤为突出。因此，道德行为既是思想品德形成的关键，又是评价学生道德面貌的重要因素。从道德行为去评价学生的道德水准，其内容很广泛。例如，求知欲、参加集体活动、遵守纪律、助人为乐、学习习惯及生活习惯，等等，均可选作评价因素。

总之，从理论上看，上述内容应作为评价学生道德水准的根据。但是，在评价过程中，可以根据各地、各校的情况进行权衡，从中选择一些重要项目作为评价因素，不一定面面俱到。

二、确定道德评价目标的政策依据

在中学阶段，按照学生的年龄特点、心理特点及思想特点，有计划地进行爱国主义、集体主义、国际主义和共产主义教育，是为了使学生热爱祖国、立志为社会主义现代化事业献身，树立为人民服务的思想，形成良好的道德品质和行为习惯。

国家颁布的《中学生守则》，是普通中学教育的重要法规。《中学生守则》是对中学生在思想品德方面提出的基本要求，也是每个中学生在日常学习和生活中必须遵守的行为准则。这个守则是原教育部1979 年 8 月颁布试行的，后来又经过补充和修改，决定从 1981 年 9 月起正式执行。《中学生守则》的贯彻与执行，使广大中学生在学习和行为方面有了一个明确的遵循标准。

几年来，经过广大师生的实践，有力地证明：《中学生守则》对于加强中学的思想政治教育，抵制资产阶级思想侵蚀，培养学生良好的道德风尚和文明行为，起了积极的作用，收到了很好的效果。因此，《中学生守则》规定的 10 条是确定学生道德评价目标的政策依据。这10 条内容是：

1. 热爱祖国，热爱人民，拥护中国共产党。努力学习，准备为社会主义现代化贡献力量。

2. 按时到校，不迟到，不早退，不旷课。

3. 专心听讲，勤于思考，认真完成作业。

4. 坚持锻炼身体，积极参加有益的文娱活动。

5. 积极参加劳动，爱惜劳动成果。

6. 生活俭朴，讲究卫生，不吸烟，不喝酒，不随地吐痰。

7. 遵守学校纪律，遵守公共秩序，遵守国家法令。

8. 尊敬师长，团结同学，对人有礼貌，不骂人，不打架。

9. 热爱集体，爱护公物，不做对人民有害的事。

10. 诚实谦虚，有错就改。

把《中学生守则》作为制定道德评价目标的依据，有利于全面贯彻党的教育方针，有利于学生的全面发展、奋发向上和健康成长。但应注意结合不同地区、不同学校学生的实际，以求实效。

三、确定道德评价目标的实践依据

实践是认识的基础，人的认识离不开实践。认识从实践中产生，随着实践的发展而得到发展，并且服务于实践，同时又受到实践的检验。因此，从理论和实践的结合上认真总结我国中学思想品德教育的实践经验，则是探讨道德评价目标体系的重要依据。

学生的道德教育是学校思想品德教育的具体体现。建国 40 年来，广大教育工作者在对学生进行思想品德教育方面积累了丰富的经验。例如，坚持德、智、体几个方面都得到发展的培养目标；坚持把日常的思想品德教育同实际锻炼恰当的结合起来；在中学时期，要抓好文明行为和道德风尚的培养；贯彻《中学生守则》，要抓全体学生，而不是部分学生；对学生教育，要坚持学校教育、社会教育和家庭教育互相配合；根据不同年级学生的特点，确定道德教育的内容；等等。长期积累的丰富经验，为制定道德评价目标从实践上提供了客观依据。

很多地区和学校，为了制定符合我国国情的道德评价目标，正在开展多种研究和试验，并认真总结我国中学的实践经验，从中提炼切实可行的道德评价目标。例如，上海市教育科学研究所组织的德育评价研究小组，为了制定科学的学生品德评价指标体系，做了大量的调查研究和测试工作，所涉及的学生包括 4 个区、1 个县的初中二年级学生共 588 人，其中重点中学占 49%，非重点中学占 51%；市区占 70%，郊区占 30%。通过科学的方法，从 47 项指标中找出影响学生道德发展的主要因素及其位次，提出了关于学生品德评定指标体系的研究方案。

在开展教育评价研究的过程中，总结本地区、本单位的经验，可以发挥各自的优势，有针对性地进行探索和试验。例如，太原市某中学，根据本校学生道德面貌的实际，提出了《对学生品德行为实行考评的试验方案》，并在初中和高中的部分班级进行了试验。他们认为，学生道德品质上的问题都表露在行为上，学校把很多精力都用于解决学生的道德行为问题；学生常常是在做好事与做错事的实践中明辨是非、检查动机、吸取经验和教训，受到教育的。因此，他们把"行"作为培养学生良好思想品德和行为习惯的开端。

总之，要制定一个比较科学的、可行的道德评价目标体系，不仅需要总结已有的经验，而且需要以教育理论和教育评价理论作指导，把国家的有关中学教育的政策规定作为依据。但是，又要看到，当前制定道德评价目标并非是一件轻而易举的事。换句话说，难度还很大。这是因为：

第一，从德育的内容上看，其范围很广泛，所涉及的具体目标也很多，这是其一。其二，德育的任务随着政治形势的变化往往有许多新的要求，也可以说是一个时期一个要求，这也为制定一个相对稳定的评价标准增加了难度。

第二，中学生正处在成长阶段，思想认识容易受来自社会各方面信息的影响，而且不够稳定，即使是初中毕业时表现挺好的学生，也难以推断他到高中或就业后的思想品德情况。随着学生年龄的增长，情感日益深厚，在待人接物上表现出明显的闭锁性，个人思想往往含而不露。

第三，从教育评价理论上看，目前我国还没有建立起一个适合本国国情的道德评价目标体系，但各地各校正在进行积极的探索，有的已提出可供借鉴的模式。不过，由于我国地域广阔，地区与地区、学校与校学之间的差别又比较大，很难制定一个完全划一的评价标准。

第三节　中学生道德水平的评价目标体系

这里所说的评价目标体系，即评价目标结构。设计评价目标体系，需要解决的一个重要问题，就是分析所要评价的内容，也就是确定评价目标所涉及的范围。由于评价范围的不同，对评价目标的具体条目的取舍也就不同，所以要重视对评价内容的概观分析。

当前，在国家还没有制定中学道德评价标准的情况下，制定道德评价目标，可以参照中学德育工作的任务和内容以及国家颁布的《中学生守则》。对普通中学来说，制定道德评价目标，重要的依据是《中学生守则》，因为这是国家对中学生在思想品德方面提出的基本要求，也是每个中学生必须遵守的行为准则。贯彻落实《中学生守则》，是广大师生和教育行政干部的重要任务。以守则为依据，制定道德评价目标，可以更好地督促学生落实守则，从而促进学生道德水平的提高。

一、道德评价的内容及其目标体系

中学道德评价的内容很广泛，需要评价的项目也很多，但实际评价时又不能面面俱到，所以只能就其重要内容提出一个初步的构想。

为了便于实施，道德评价目标体系可按三级划分，即一级目标、二级目标、三级目标。每一个下位目标都是其上位目标的具体化，换句话讲，每一个上位目标都包括几个下位目标。例如：

（一）社会责任感

1. 学习目的：例如，对升学或就业的态度和刻苦钻研的意志力；

2. 进取精神：例如，要求进步的思想和强烈的求知欲望。

（二）群体意识

1. 集体荣誉感：例如，爱护学校的荣誉和关心班级集体以及班级小组；

2. 协作精神：例如，在集体活动中的协作性、完成所分担的任务，并能帮助他人。

（三）遵纪守法

1. 遵守学校的各种规章制度；例如，作息制度、请假制度和课堂纪律等；

2. 遵守公共秩序：例如，遵守交通安全规则以及杜绝重大的违纪事件。

（四）文明礼貌

1. 尊敬师长：例如，尊敬老师和父母等；

2. 团结友爱；例如，尊重同学的人格，不骂人，不打架，并具有同情心；

3. 诚实谦虚：例如，接受他人的忠告与批评，诚实守信，有错就改等。

（五）勤劳节俭

1. 热爱劳动：例如，公共卫生、社会公益劳动和家务劳动；

2. 爱护公物：例如，爱护桌椅、玻璃以及美化的学习生活环境等；

3. 生活节俭：例如，衣着整洁和不乱花钱等；

4. 自我管理：侧重强调良好的学习习惯和生活习惯，其中包括个人卫生、不吸烟、不喝酒等。

上述道德评价目标，共包括一级评价目标 5 项，二级评价目标 13 项，三级评价目标列举了一些项目，可以作为评价的具体要求。总之，各项评价目标虽然都是互相影响、相互制约的，但具体评价时，可以在抓住基本要求的基础上有所侧重，有所选择。

二、道德评价目标的分析

在中学里，进行道德品质教育的目的，在于使学生懂得做人的道理，并付诸于行动。因此，应培养学生具有不断进取、勤奋学习、热爱集体、善于协作、遵守纪律、遵守法令、尊敬师长、团结友爱、诚实谦虚、热爱劳动、爱护公物、节俭生活、自治能力等优良品德。这既是道德教育的任务，也是道德评价的目标。

上述评价目标体系，强调了以下几个基本思想：

第一，要重视道德行为的动力。

良好的道德情感是前进的动力。把社会责任感作为道德评价目标，就是强调培养学生的爱国主义情感，引导他们树立一个正确的学习目的，懂得今天的学习正是准备为实现国家现代化作贡献，把职业理想同社会理想联系起来，把今天的学习同明天的建设联系起来。作为一个学生，只要有这样的远大目标，就会具有克服困难的坚强毅力，不断进取，勇于创造。实际上，这是理想教育的具体化，是一种精神的力量。

鉴于上述理由，评价学生道德面貌时，就强调了社会责任感。社会责任感的内容很广泛，但从学生的实际出发，可侧重提出两项，即学习目的和进取精神。一个人有没有进取精神，进取精神怎么样，能反映出其道德面貌。一个进取精神强的人，在思想上、学习上都会严格要求自己，产生一种强烈的求知欲望，不断用科学文化知识丰富自己的头脑。

第二，要突出道德评价的行为标准。

俗话说：说起来容易，做起来难。这说明做是关键，看一个人道德表现怎么样，主要看他做得怎么样。提高学生的道德认识本身并不是教育的最终目的，而重要的是在提高认识的基础之上产生良好的道德行为，这才是教育的真正目的，也是检验教育效果的标志。但是，在一些学生当中说与做相脱节的现象还是比较严重的，有的说了，并且说得很好，但没有做到或没有完全做到。相反，有的没有说，但却做了，并且做得很好。通常听说的言行不一，是指前一种情况。这两种情况，都是道德行为的表现。究竟表现怎么样，都必须用行为标准加以判断。

从行为上去评价学生的道德面貌，可以促进由知到行的转化，使学生形成一个良好的道德行为习惯。例如"爱护公物"这一条，可以说100％的学生都知道这是"爱护劳动成果"的具体表现。但是，可以看到有的学生开门从来不用手，而是用脚踢。所以，道德评价必须注重实际。通过道德行为的评价，能促进校风校貌发生深刻的变化。

第三，要强调道德评价的自主性。

进行道德品质教育，这是促使学生道德面貌发生变化的外部条件，而自我思想的矛盾运动则是其变化的内部条件。因此，设计道德评价目标，要重视学生自治能力的培养。通过自我实践、自我体验、分辨是非，逐步形成良好的道德品质。例如，强调自我管理，就是把学生由被管变为自己管理自己，培养学生在学习和生活方面的自治能力，这是教育思想的一个转变，也是一种现代教育观念。良好的学习习惯和生活习惯，对一个中学生来说是极为重要的，它能反映出学生的道德面貌。例如，考试的抄袭，对一些学生已成司空见惯的事了，看起来好像小事，但从教育的观点看，并非小事，它能反映出一个学生的学习目的和学习态度。解决这样的问题，只靠行政手段是不行的，还要靠学生的自治能力。又如，不吸烟、不喝酒，这是国家对中学生的要求，在日常生活中如何落实呢？看是看不住的，有的学生上了烟瘾时跑到厕所去抽。这说明，单纯靠看管是难以奏效的，还要设法使学生自己养成一个良好的生活习惯。因此，在进行道德评价时，应重视自治能力和评价能力的培养。

第四节　中学生道德水平的评价原则与方法

道德评价的原则，是道德教育规律性的反映，是进行道德评价的指导思想和基本要求。因此，它对道德评价活动具有指导功能。

确定道德评价的原则，是为了更好地开展道德评价的实践活动，提高道德评价的效果，减少失误，从而达到促进学生全面发展的目的。因此，进行道德评价，必须明确应遵循的基本原则。

但是，要完成道德评价的任务，仅仅把握一些原则是不够的，还必须研究道德评价的方法。评价方法，是为完成道德评价任务而采取的方式和手段，恰当与否，必将对学生的教育产生直接的影响。为此，实施道德评价时，除了把握评价目标以外，还应做好两件事：一是明确道德评价的基本原则；二是选择道德评价的方法。

一、道德评价应遵循的基本原则

（一）道德评价的教育性原则

在学校教育中，对学生的道德水准进行评价，其目的是提高思想品德教育的质量，培养他们具有良好的道德品质，促进他们德、智、体全面发展。因此，道德评价必须为实现中学的教育目的服务，决不能为评价而评价。

通过道德评价活动，要对学生的道德面貌作出价值判断，看看哪些方面已达到了国家的要求，哪些方面还没有达到或没有完全达到，其原因何在，今后应采取哪些措施加以改善。例如，有的学校在进行道德评价时，运用了形成性评价这一形态，使学生及时把握自己的道德状态，并有针对性地进行道德品质教育，收到了较好的教育效果。如果不是真正地从教育学生的目的出发进行评价，而是从"例行公事"出发去评价，那就容易出现为评价而评价的形式主义作法。因此，进行道德评价，应遵循教育性原则，引导学生不断地提高思想觉悟和道德水准。

（二）道德评价的动态性原则

设计道德评价目标，应具有相对的稳定性，以使评价者和被评价者有所遵循。这在一个时期之内是可以办得到的，如果变动过勤，就会使评价双方都感到无所适从。因此，应力求建立一个相对稳定的道德评价目标体系。但是，又要看到，道德教育是思想品德教育的具体体现。随着社会的发展，学生的视野越来越扩大，教育的内容也必然越来越丰富，作为道德评价目标，当然要反映出这种变化，并且促进道德教育的发展。例如，中学生在学习和生活中的行为准则《中学生守则》，从 1979 年 8 月试行到 1981 年 8 月正式公布执行，在条文的内容上就作过一些修改，如第 5 条增加了"爱惜劳动成果"、把第 4 条中的"积极参加文娱活动"改为"积极参加有益的文娱活动"等。

即使有一个大体一致的道德评价目标，也要注意结合不同地区、不同学校学生的实际来进行，民族地区还要体现民族政策，尊重少数民族的风俗习惯等。总之，道德评价必须以动态性原则为指导，正确对待道德评价目标的某些变动。

（三）道德评价的实效性原则

道德评价要着眼于学校道德教育的实际效果。若离开了这个基本观点，所谓质量也就无从谈起。因此，道德评价必须坚持实效性的原则，注意学校之间、年级之间的差异，否则是难以作出客观的评价的，也不会收到预期的效果。例如，在中学进行道德教育时，初中和高中的任务不一样，各个年级的具体要求也不一样。以年级为例，初中一年级侧重抓道德行为习惯的培养，初中二年级是道德观的教育，初中三年级是法纪教育；高中一年级是人生观教育，高中二年级是社会观教育，高中三年级是世界观教育。在进行道德评价时，要注意这一特点，不要用对高三学生的要求去衡量初一的学生，也不要用对初一学生的要求去衡量高三的学生。如果忽略这一点，是无法收到评价的实际效果的。

贯彻实效性原则，并不是降低道德评价的要求，而是要针对不同的评价对象灵活地运用道德评价目标，使学生通过评价看到自己的进步和发展，从中受到激励。为做到这一点，必须注意克服道德教育工作中的形形色色的形式主义。

（四）道德评价的协力性原则

学生的成长与发展，这是学校教育、社会教育和家庭教育共同作用的结果。因此，学生道德水平的提高过程，是各种教育力量总体影响的过程。例如，学生劳动观点的培养，既要靠学校，又要靠社会，还要靠家庭，离开了哪一方面，都难以取得预期的效果。从教育过程看，这是共同协作的结果。同样道理，要评价学生的劳动观点，仅看在学校的表现是不够的，还必须从社会与家庭劳动去看。这就是说，进行道德评价，必须取得多方力量的协作。

学生的道德行为，在校内光靠班主任评价也是比较困难的，还必须取得任课教师、团队组织的协助。例如，学生在课内与课外的表现是否一致，教师在场与不在场时学生的表现是否一致，在班主任面前与在科任教师面前的表现是否一致，等等，这些情况都需要进行综合考查。这就要求，道德评价必须遵循协力性的原则，否则，是难以完成道德评价任务的，或者说是不能完成评价任务的。

二、道德评价的方法

目前，在中学评价道德水准的方法，常用的有以下几种：

（一）定性法

定性法是通过语言描述，对学生的道德面貌进行分析，肯定优点，指出主要缺点的一种方法。在综合学生表现的过程中，一般都使用描述等级的语言，如"很好、好、一般、差、很差"。这是一种常用的方法。

但是，具体作法不尽相同。大体有这样两种作法：

第一，班主任直接写评语。这种作法，是根据道德评价目标的要求，班主任以在日常观察中所取得的客观资料为依据，给学生写评语。有时，为了弥补资料的不足，往往又辅以个别面谈法，直接向被评价者了解有关情况。直接写评语这种作法，较为省时间，但主观性很强。但在班级学额较多的情况下，班主任一人是很难准确地把握学生道德面貌变化的。为了克服这一弊端，可以把班主任写的初稿发给学生本人，先征求意见，然后再定稿。

第二，在学生自我评价的基础上写评语。这种作法，是先由学生本人根据道德评价目标的要求，自己进行评价，写出评价意见，然后班主任再依据学生的自我评价意见和平时的观察写出综合评语。这种作法，有利于调动学生的积极性，使他们明确自己的进步和存在的主要问题，以及今后的努力方向。有的学校，在学生进行自我评价后，安排学生互相评价的时间，通过小组评议的方式对学生的道德行为进行评价。不过，采用此种作法教师必须加强指导，否则，容易流于形式。

（二）等级法

等级法，是根据道德评价目标的要求，把学生的道德水准划分成若干等级的一种方法。其等级一般有 3 种，即 5 个等级、4 个等级和 3 个等级。等级的表示法，一般用描述等级的语言或其他符号来表现。例如，5 级用"很好、好、普通、差、很差"，"好、较好、一般、较差、差"，"优、良、中、差、劣"等；4 级用"优秀、良好、一般、较差"或"很好、较好、一般、较差"；3 级用"优良、一般、较差"或"甲、乙、丙"等。

（三）等级量表法

等级量表法，是把评定等级和评定分数相结合的一种方法。这种方法，是把道德评价目标按权重评出分数，并以总分数为依据评出道德水准的等级。假如，道德评价目标总分为 100 分，其等级的划分方法有以下几种：①90 分以上为优，80—89 分为良，70—79 分为中，60—69 分为差，60 分以下为很差；②85—100 分为优，70—84 分为良，60—69 分为中，60 分以下为差。还有的学校规定出基本分，根据学生的道德行为表现进行加分或减分，最后根据累计分评定出等级。

用等级量表法，可以看出每个学生达到了何种程度，有利于学校进行道德质量的定量分析。但是，单纯给学生道德行为打分的作法，弊端很多，它不利于发挥学生的创造精神，只能起一种行为约束的作用，尤其是对道德意识的程度很难用分数去判断，同样一个道德行为，可以由不同的动机所支配。因此，进行道德评价，应重视道德教育的这一特点。

总之，进行道德评价，要充分地利用观察法，把自然观察和限制观察结合起来使用，以便获取足够的客观评价资料，切实提高道德评价的效果。如果缺乏足够的资料，那只能凭主观印象行事。这样，不仅不能提高评价的客观性，而且不利于发挥评价的功能，以至影响学生的全面发展。

第四章 中学生学力水平的评价

教育评价的因素很多，其中学力水平的评价历来都受到人们的重视，它在学校教育中占有极其重要的地位。学力水平，是学生成长与发展的一个重要标志，也是衡量办学水平的一个重要尺度。正因为如此，世界各国都先后开展了学力评价的研究工作，一些国家还联合进行学力调查，进行国际学力比较。

学力评价，似乎很简单。其实不然，它的难度也不小。学力评价，不仅其本身涉及的因素多，而且各科因素之间的关系也比较复杂。因此，在进行中学学力评价的过程中，应从教育评价理论、教育理论和教育政策等方面进行综合性的研究，以使学力评价工作能够得到健康的发展，从而促进教育质量的不断提高。

第一节 中学生学力水平评价概述

一、学力水平评价的性质

学力这一概念，并不是什么洋词，也不是新词，而是国内外学者和实际工作者通用的概念。现代用，古代也用。中国古诗即有"学力根深方蒂固。"这里所谓学力，就是指学问的功夫造诣，即在学问上达到的程度。而学问，原指学习和困难，现在是把正确反映客观事物的各种知识通称为学问。

由于对学力含义的理解不完全一致，所以对学力水平评价的目标范围的解释也就不一样。有的人认为，学力是学会的知识之总量。从这一观点出发，只是提出测定贮存知识的数量结果，并把它作为评价学力水平的标志。这种主张与现代教育的目的要求距离较大。从现代教育的目的要求来看，只重视学生贮存知识的数量是远远不够的，还必须重视知识的应用，重视各种能力的培养，重视学习目的、学习态度及学习习惯等方面的问题。这就是说，学力水平不只是指单纯接受知识的量的结果，还应包括与此相关的情意领域的一些内容。

现代教育的任务要求，培养学生具有独立思考的能力、具有运用获得的知识去解决面临的新问题的能力。这是一种现代学力观，是进行教学的指导思想。作为评价的主体，尤其是广大教师，统一对这个问题的认识，有助于正确地进行学力水平的评价。如果对这个问题不重视或重视不够，即使进行评价，也难以得出正确的评价结论。所以，进行学力水平的评价，必须以党的教育方针为指导，以各科教学大纲为依据，去分析、设定学力水平的评价目标，这样才不至于偏离各科教育所指向的方向目标。

从这种观点出发，进行学力水平的评价，在分析教学目标时，应注意不要用豪言壮语去代替具体目标，而要考虑到各个学科教育的内容和特点，考虑到每个单元、每课书的具体要求，从中学生的发展实际出发，使目标逐渐具体化，以便设计出学生应直接掌握的具体学力目标。这就要求，学力目标的设计，应有一个可行的层次结构，从一般的方向目标直到每个特殊的到达目标，都要合理安排。这样，既利于教师的教，又利于学生的学，同时也利于学力水平评价工作的开展。

进行学力水平的评价，同其他领域的评价一样，要使用适当的评价手段，判断学生在各个阶段的到达情况，同时不断地将有关信息反馈到学生的学习活动当中去，使学生明确自己的学力现状和努力方向，从而促进各项教学目标的实现。

二、两种不同的学力观

进行学力评价，应弄清什么样的学力是有价值的，否则，即使进行评价，也难以取得理想的效果。对待学力的看法有两种：一种称作传统教育的学力观，另一种称作现代教育的学力观。

（一）传统教育的学力观

传统教育的学力观是以"升学主义"为特征的。此种表现由来已久。例如，隋朝的科举制度，考试是按照帝王的人才标准进行的，考试范围为四书五经，考试方式死板单一。与此相适应的还有一套教育目标和课程标准，而应试者只能按照科考的课程去死记硬背，考试合格则为学力之标准。明清时期的考试，只要能撰写一篇好文章，就可能中考，不过也有类似现在的升学指导书的范文，应试者背熟照抄，就有取胜的可能。在这种学力观的支配下，只能是考什么就学什么，怎么考也就怎么学。可见，科举的学力是以能否中考为评价标志的。既然如此，中考者也只有应付考试的能力，但却没有分析问题和解决问题的能力。从现代教育的观点看，可以把这种学力观称作"升学主义"的学力观。

这种"升学主义"的学力观，其影响今天仍然存在。例如，对学生的学力水平的评价，多以能否考取大学为标志。谁也不能否认，学生能考取大学，这确实是学生学力水平高的重要标志之一。但是，问题在于往往把它作为唯一的评价标准，而忽略了其他方面的因素。按照教学大纲所规定的教育目标要求，去评价高中毕业生的学力水平，即使认定是个合格的高中毕业生，也不等于说他一定能考取大学。换句话说，没有考取大学的高中毕业生，并不等于就是个学力不合格的高中毕业生，而只能说明他还未达到大学的选优条件。但是，在现实生活中往往有这种情况，把高中学力水平同大学录取的学力条件等量齐观了。实际上，这是一种误解。在"升学主义"这种学力观的影响下，教学内容的安排有的偏深偏难，忽视基础训练；练习形式的设计也以高考为准，忽略了学生的年级特点和学习中存在的实际问题。例如，有一年高考作文以"画蛋"为题材，由此所产生的连锁反应很大，你考"画蛋"，我就练"画蛋"，高中练，初中练，小学也练，甚至连幼儿园的孩子也练"画蛋"。这说明，"升学主义"的学力观的影响面还是不小的。

"升学主义"的学力观，是有其历史根源的。封建科举制度，虽然在制度上被彻底废除了，但其思想影响仍然存在，"学而优则仕"的传统观念还残留在一些人的头脑里。由于"升学主义"是传统教育的学力观的集中表观，而学力观又是教育思想的一种反映，因此端正办学思想，应重视学力观的转变。传统教育的学力观对教育质量的影响是很大的。正如万里同志指出的："我国陈腐的传统教育思想和教学方法，可以说是一种封闭型的教育思想和教学方法。教育内容是固定的、僵化的，教育的任务就是灌输这些内容，不能稍加发挥，不能问个为什么，更不能怀疑，考试按固定的内容和格式照答就行，把学生引导到追求高分数上去。这种教育思想和教学方法培养出来的人才，只能是'唯书'、'唯上'，必然缺乏创造性和进取精神。"

（二）现代教育的学力观

传统教育的学力观，是传统教育思想的反映。在这种学力观的支配下，多注重考试的分数，着眼于应试能力，而不注重学生的独立思考的能力。这不仅不符合现代教育的目的要求，而且不符合不断发展的社会需要。现代的社会是个改革的时代，无论在政治、经济领域还是在教育科学文化领域，都在急剧地发生着变化。这种变化对现代学校教育提出了更高的要求，即要求教育培养新时代所需要的新型人才。这种人才所应具有的学力水平，不仅仅是坚实的科学文化基础知识，更重要的是思考能力、创造能力、应变能力以及分析问题和解决问题的能力等。这是一种现代教育的学力观。

现代教育的学力观，是符合当代社会的需要的。因此，人们的学力观已经或正在发生种种变化。例如，某县就智育 10 个项目调查了 552 人，其结果是：选择"知识面广，能分析问题、解决问题"的有 376 人，占被调查总人数的 68％；选择"有较好的学习方法，自学能力强"的有 256 人，占总人数的 46％；而选择"记忆力强"的有 12 人，占总人数的 2％；选择"课外阅读能力强"的有 40 人，占总人数的 7％。此外，选择"能把书本知识应用到实践中去，具有一定的操作和实验能力"的有 264 人，占总人数的 48％；选择"有一定的审美力，能鉴别美"的有 108 人，占总人数的 20％；而选择"具有美的知识"的有 32 人，占总人数的 6％。这个调查材料表明，学力观正在发生较大的变化，人们所重视的学力水平是具有多方面的能力，而不是单纯的书本知识；是对知识的应用，而不是单纯的记忆知识的数量。

学力观是教育思想的反映，其变革的任务还是很艰巨的。万里同志指出："陈腐的教育思想和僵硬的教学方法，由来已久，根深蒂固。几千年来，封建统治阶级培养人才，一般只要听话、驯服就可以了，而不着重独立思考的能力。这是因为，在封建社会的停滞时期，自然经济占统治地位，这种封闭式的经济活动，倾向于要求受教育者恪守传统的知识技艺，守住祖宗家业，而不重视启迪受教育者去开辟新的知识领域，鼓励他们的创造精神。"因此，在进行学力评价的过程中，既要看到学力观变革的艰巨性，又要致力于学力观的转变，力求按照现代教育的学力观去进行评价。

三、学力水平的评价机能

学生学力水平的评价具有多种机能，因此很多国家都重视这一领域的评价工作。例如，美国在 8 年研究时期就制定过学力的评价标准，现在有的州还规定中学生的升级或毕业的最低限发的学力标准；前苏联既重视学习效果的评价又重视学习过程的评价，还就口头表达能力和书面表达能力等提出了评价指标；英国建立了学力评价机构，进行考试制度和评价方法的改革，从而促进教育质量的提高；法国的学力评价非常严格，特别强调评价的效度和信度，并且重视发挥心理学家在学力评价中的作用；联邦德国重视学力评价的客观性、智力发展和人格变化，他们采用学力成就测验的方法进行评价。这说明，学力水平的评价，对提高学校教育质量具有十分重要的意义，因此各国都重视其评价机能的发挥。

学生学力水平的评价机能，主要有以下几点：

（一）能使学生明确学习的具体目标

学科教育目标，既是教师教的目标，也是学生学的目标。这在各科教学大纲里都有明确的规定，不过一般比较概括和抽象，不能直接作为评价目标使用，因而需要进行目标分析，使其明确化。目标的明确化，是靠确立具体的行动目标来实现的。行动目标，一般是指能够明确测定和观察的、通过教学使学生发生行动变化的目标。从教学的目的和任务看，选择什么作为行动目标，是必须经过仔细分析的。这种分析，首先要把一般的教育目标具体化，然后再从中选择实际的行动目际，使教与学的双方都明确。这样做，不但有利于教师的教，而且有利于学生的学。

由于行动目标明确而具体，因此，它应具备一定的条件。日本有的学者认为，行动目标必须具备以下三个条件：一是要用表示动作的动词来表现可能观察的行动；二是要明确表示出其行动所要求的条件；三是要明确地表示出目标的到达标准。例如，在给学生二次方程式的根的公式时，规定 30 分钟以内解 10 个问题（提示条件），要能正确地解到（行为动词）第 8 个问题（到达标准）。从这里可以看出，评价目标和教学目标是统一的。这样设定教学的具体目标，不但能评价其目标完成与否，而且能激发学生完成目标的动机。

制定行动目标，虽然比较麻烦，但却是有价值的。使学生的学习目标具体化，这是学习取得成功的重要条件。但是，目前有的人对此却不够重视，课堂教学目标的设计一般比较抽象。例如，有的课只提出"讲些什么"或"学习些什么"，但在具体目标上没有提出数量和质量的要求，还是抽象化的目标。这样无论对教学还是对评价都是不利的，尤其无法评价教学目标的完成与否。因此，教师应帮助学生设立可接近的目标，使他们明确学习什么，学多少以及应达到的程度。

（二）能调动学生学习的积极性

通过评价活动来调动学生学习的积极性，重要的是要激发学生的学习动机，使他们产生学习的积极行动。激发动机可分为内发性动机和外发性动机两大类，前者是指对学习的兴趣和好奇心，是学习者自发的学习动机；后者是由于受到正评价或负评价而激起的学习动机。

在教学的过程中，如何将外发性动机转化为内发性动机，这是学力评价的一个重要任务。对学生的学习来说，表扬或批评可以激发学习动机，虽然方式简单，但效果却是直接的。年龄小的学生尤其是这样，他们的学习开始往往是靠教师和家长的表扬或批评来进行的，以后由于对学习内容产生兴趣而开始自觉的学习，便产生学习的欲求。例如，学习语文的生词，可以确定一定的到达目标，限在一定时间内完成，并根据完成目标的情况给予评价，由此所产生的学习效果又作为能力在学生身上自觉地表现出来。这是外发性动机向内发性动机的转化。

要调动学生学习的积极性，就要在学力评价的过程中把学习结果及时反馈给学生，以起到指导学习的作用。从学生学习的心理过程来看，经过一段学习活动之后，他们就渴望了解自己的学习结果。通过学力评价，可以使学生获取此种信息。这种信息对学生有两种作用：一是有利于他们调整自己的行为，矫正错误，如发现学习中的错误或不够完善的地方，那就可以采取修正或改善的措施；二是有利于激励学习的信心，不断进取，一般来说，学生了解自己的学习结果本身，就具有一种激励作用，使他们产生进一步学好功课的积极性。

根据以上分析，在评价的过程中应重视发挥评价的反馈功能，及时向学生传递评价信息。但要考虑到正评价或负评价所产生的心理效果。在正常情况下，学生得到正评价，积极性比较高；得到负评价，积极性比较低。在学力评价的过程中，为调动学生学习的积极性，评价主体应重视这一心理反应。

（三）能了解学生的学习状态

通过学力评价，了解学生的学习状态，应包括两类，即静态信息和动态信息。前者是指学生已有的学力基础，后者是指学生的学习变化。这种学习状态，不仅是提高教学质量的基础，而且是进行学力评价的依据。

学校教育是分层次按阶段进行的，如有小学、初中、高中等，而每阶段教育又分成若干年级。学生在某一阶段的学力水平，是他们接受新的学习任务的前提条件和基础。因此，必须通过学力评价予以把握。如果没有把握这一状态，就可能给教与学带来一定的困难。了解学生的学力基础，不仅对教学有利，而且对班级管理有利。例如，初中或高中新生入学时的编班，不是简单地按人数多少编排的，而是必须考虑到学生毕业时所认定的学力基础及其他有关因素。

从提高教学质量看，最重要的是通过学力评价来把握学生的学习变化。中学生处在动态变化之中，其学习也在不断地发生种种变化。有的成绩在上升，并且越学越好；有的成绩在下降，甚至可能掉队；等等。这些变化表明，成绩上升者的学习没有困难或困难不大；成绩下降者的学习遇到了困难或困难比较大。为了有效地实施教学计划，教师要有目的地诊断这种变化，以便有针对性地加强学习指导，尤其要加强对学习有困难者的指导。例如，外语的学习往往变化较大，如能进行适时的诊断，就可以发现某些学生困难的原因，有的可能因为单词的遗忘率大而不易理解课文内容，有的可能因为语法不懂而发生语言障碍，也有的可能因为语感不强而听不懂教师的讲课。总之，通过学力评价，可以帮助教师把握学习优劣变化的实态，特别是诊断困难，探明原因，矫正错误，弥补缺陷，力求大幅度地提高教学质量。

第二节　中学生学力水平的评价目标分析

研究学力评价的目标，是解决评价什么的问题。但是，由于目前对学力评价范围的理解不同，因而其评价目标的设计也不完全一样。美国在学力评价研究方面进展比较快，并且对其他国家影响也很大。因此，在探讨学力评价目标的过程中，应对有关情况作一概要的介绍，以供我们借鉴和参考。

一、美国关于学生学力的评价目标

美国对学生学力评价的研究比较多，先后提出过几种评价目标方案，其中有代表性的是"8年研究"和大学入学的学力评价目标，以及布鲁姆关于学习成果的评价目标。

（一）美国"8年研究"的学力评价目标

1. 有效的思考方法（解决问题的能力）；

2. 有用的工作习惯及学习技术；

3. 社会的态度；

4. 有意义的多方面兴趣；

5. 音乐艺术文学及其他美的经验、鉴赏；

6. 社会的感受性；

7. 完满的社会适应能力；

8. 重要知识；

9. 身体之健康发达；

10. 一贯的生活哲学。

（二）美国大学入学的学力评价目标

美国的大学入学考试委员会1954年提出的学力目标，共分三大领域12条，其具体内容是：

1. 认知领域：

①知识（记忆性质）；②知的能力（理解推理性质）；③知的技能（解决问题能力）。

2. 感情领域：

①兴趣；②鉴赏；③态度；④价值观；⑤适应。

3. 手技及运动技能领域：

①机械操作；②制造；③劳动创作；④运动竞技表演歌唱。

（三）布鲁姆的学力评价目标

布鲁姆在认知领域的教育目标里提出的学力评价目标共分6项，即知识、理解、应用、分析、综合及评价。其具体内容将在教学质量评价一章介绍，现根据布鲁姆等著的《教育评价》一书，仅就几种能力的解释介绍如下：

1. 应用能力包括以下几类：

①学生能判断哪些原理和通则适合于处理新疑难情境；

②学生能重述问题，以判断哪些原理和通则对于解决问题是必要的；

③学生能确定某个特定原理或通则成立的限度；

④学生能识别某个特殊通则的例外情况，并说明理由；

⑤学生能运用已知原理解释新现象；

⑥学生能运用适当的原理或通则对新情境中可能发生的情况作出预测；

⑦学生能运用适当的原理或通则去确定或认可新情境中某项特殊的行动或决策过程；

⑧学生能说明在既定疑难情境中运用某个或几个原理或通则的理由。

2. 分析能力包括以下几类：

①学生能运用给定的分析准则，对文献中的单词、短语和表述进行分类（属于要素分析）；

②学生能根据文献中已知线索，推断没有直接阐明的特性或特征（属于要素分析）；

③学生能根据文献材料中的准则关系，推断出其中必然蕴藏着的、必不可少的或必要的内在性质、假设或条件（属于关系分析）；

④学生能运用准则（如关联、因果、顺序）看出文献中材料的式样、次序或排列（属于组织原理分析）；

⑤学生能识别作为整个文献或活动的基础的原理或形式（属于组织原理分析）；

⑥学生能推断出文献赖以为基础的特殊结构、目的和观点（属于组织原理分析）。

3. 评价能力包括以下几类：

①学生能按照一个文体或作品的准确性、精密度和谨慎程度，来对它作出判断（内在准确性）；

②学生能够按论据的连贯性，假设、证据和结论之间的关系以及逻辑和组织的内在一贯性，来对一个文件或作品作出判断（内在的一致性）；

③学生能识别用于某篇作品中某特殊判断所持的价值观和观点（内在的准则）；

④学生能通过与其他有关作品的比较，来对一篇作品作出判断（外在的准则）；

⑤学生能运用一套既定的准则和规格来判断一篇作品（外在的准则）；

⑥学生能运用他（或她）自己讲明的一套准则或规格来对一篇作品作出判断（外在准则）。

二、学力水平的评价目标分析

制定学力水平的评价目标，一般有两种观点：一种是从教育学的观点出发，根据教材内容来设计学力目标结构，强调知识、技能的掌握；另一种是从心理学的观点出发，根据能力因素来设计学力目标结构，强调心理机能对完成目标的作用。现从两者相结合的观点出发，对学力目标的总体结构进行初步分析。

（一）知识目标因素

知识目标因素应包括知识和理解两个方面。知识的评价目标，是指在所学内容的范围之内，正确地记忆、掌握和再认的能力。它所涉及的范围很广，从简单的特殊知识到复杂的高深知识，都包括在其中。

理解是一个心理过程。知识的形成过程，也是个理解的过程。学生获取知识，不是单纯机械地记忆其内容，而是伴随着正确的理解。这种理解，要求正确地把握构成学习内容的诸种要素之间的关系，如大小、隶属及因果关系等。这样的理解过程，会使学生把学习内容作为原理和法则去掌握，容易形成系统化的知识。

知识和理解的关系甚为密切，两者互为一体构成学力目标，不应把两者割裂开。理解是建立在正确而丰富的知识的基础之上，而知识又通过理解的不断加深得到进一步的巩固。

（二）技能目标因素

技能目标因素由智力技能和运动技能两个部分构成。前者是指借助于内部言语在头脑中进行的认识活动的方式，其中主要是思维活动的操作方式；后者是指在学习活动、体育活动和生产劳动中的各种具体操作，不能单纯地理解为体育运动技能。

技能是指运用某种知识经验去完成一定活动的方式，它是通过练习而获得的。因此在研究技能评价时，应把为达到某种目的所采取的行动、反复练习的各种过程及其结果作为评价对象。例如，实验观察和实际操作的技能；音乐的唱歌和演奏的技能；跑步、体操、游泳等方面的运动技能；美术的绘画、书法和手工劳作的技能；读、写、计算、图表制作等智力方面的基本技能等，都属于学力评价的范围。

智力技能和运动技能是密切相连的，尤其在进行比较复杂的活动时，人总是手脑并用的。也就是说，在这种情况下既需要智力技能又需要动作技能。因此，要使技能目标成为真正有意义的学力目标，不能仅靠单纯机械地去掌握，还要有一个扎扎实实的学习过程。例如，读、写、算等技能，不只是依靠口头和手的动作，还必须依靠有关言语和数字的正确知识及深刻的理解；身体运动的技能，也必须以知识、理解及其他认知的和情意的目标为基础，才能形成有意义的学力目标。

（三）能力目标因素

能力目标因素，往往因各个学科教育目标的要求不同而侧重点也不一样。所以，这里主要涉及思考能力、判断能力、评价能力及欣赏能力等。

1. 思考能力。

所谓思考，通常是指进行比较深刻、周到的思维活动。这种思考，是以知识、理解、技能及其他能力为基础的。运用已有的知识、技能去解决新问题的过程，就是一个思考的过程。因此，解决问题的过程，就成了评价思考能力的目标范围。

美国布鲁姆提出的认知领域六项目标，其中应用、分析和综合就相当于三个思考过程。应用，要求对已学过的原理和法则能正确地选择和运用；分析，要求把学习内容能分成若干构成要素，并能从中找出本质属性及各要素之间的关系；综合，要求能把分析过的诸种材料组成一个有机的统一整体。在上述应用、分析、综合的过程中，都需要经过认真的思考，其中综合的过程就是一个发展创造性思维的过程。

2. 判断和评价的能力。

判断是对某种事物表示肯定或否定，是思维的基本形式之一。例如，对学习内容从好坏、优劣、满意与否上进行分辨，就是一种判断。不过，这种判断是以某种标准为依据的，所以能表现出一个人对事物的评价。如果对学习过程和学习结果进行正确的诊断和评判，并采取改进的措施，则是一种评价。这种能力，对中学生来说是非常重要的。

判断和评价，虽然能表现出一个人的情感和愿望，但并不是单纯地依靠主观感觉，而是根据一定的价值标准进行，是靠各种能力的综合作用。布鲁姆把评价能力放到六项目标的最高层次，这也说明这种能力的复杂性和重要性。因此，应有目的地培养学生这种能力。

3. 鉴赏与表现的能力。

通常把能力分为两种，即一般能力和特殊能力。前者是指在各种基本活动中表现出来的能力，后者是指在某种专业活动中表现出来的能力。这里的鉴赏与表现的能力，是针对音乐、美术学科提出来的。因此，应把它看作是对特殊能力提出的要求。

表现能力是指通过音乐、美术的形式，把自己的感情和思想表示出来的一种能力。而鉴赏能力则是以积极的态度对所见所闻的事物进行有价值的选择和评定的能力。把鉴赏能力作为学力目标，要求培养学生对美的感受力和具有高尚的情操。鉴赏力同个人的感情和情绪的体验有关，它是一种情感色彩很强的目标。由于这种能力同个人的态度、兴趣、爱好有着密切的关系，所以对学生的成长与发展影响很大。例如，歌曲，有情调健康的，也有情调低劣的，不管哪一种都会在人的心理上引起一定的反应，但是，能从价值上辨别其优劣，则属于音乐的鉴赏力。

第三节　中学生学力水平的评价方法

一、学力评价方法的选择

学力评价的方法很多，但为了提高评价的效果，应根据学力评价目标因素加以选择。

知识目标的评价，从知识方面看，要求从质和量上去抓住对学习结果的记忆。如果评价内容是单纯的知识，就可利用客观测验形式的再认法去评价；如果知识的内容复杂，则可以文章体的记述测验为主，辅以其他的评价方法。从理解方面看，要正确处理学习过程评价和学习结果评价的关系，对过程评价应给以足够的重视。也可以说，抓住学习的质的深度比抓住学习的量的广度更为重要。因此，除了直接观察学习活动本身以外，还要考虑各种评定法、客观式和文章式的各种测验法。总之，无论采用哪一种方法，都要注意分析理解形成的心理过程，考虑到学生的发展特点。

技能目标的评价，其方法灵活性更大。例如，评价与知识、理解方面有关的目标，可以采取以教师自制测验为主的各种测验法；评价技术方面的目标，应利用以直接的行动观察为主的各种评价方法。一般来说，技能性的学力目标，其突出特征是行动明确。因此，在这类目标的评价中，可以根据已表示出应达到的行动规范，使用检查目录表或评定尺度，从行动上直接观察到达目标的过程，评价其进行的状态。

能力目标的评价，其范围广，难度比较大，应作审慎的思考。例如，评价思考能力，可把解决问题的过程作为学力的评价目标，使用问题情景测验法。通过对问题的分析和解决的过程来评价思考能力。这个问题情景，可由教师结合教学实际自行设计。比如，利用图解、统计资料及各种图表资料，让学生进行说明、分析和概括，从而评价其思考能力。此外，还可以采取标准学力测验和客观测验等方法，对思考能力进行评价。

判断和评价能力的评价，除了采用常用的评价方法以外，还应重视日常资料的收集，尤其要利用各种场合去观察学生所发表的意见或感想，以便为提高此项目标评价客观性创造有利条件。

鉴赏能力的评价，既可用教师自制的测验，也可用标准测验。但对感受力和审美力的评价，应直接观察学生的言语表现或用问卷法进行调查。对表现能力进行评价，必须考虑到学科专业的特点。例如，美术的表现能力是体现在作品上的，其证据是静止而固定的，而且评价的时间很充足；音乐的唱歌或演奏，是处于动态之中的，其证据一般也随时间而消失。因此，对这种能力进行评价，特别要重视评价方法的选择。

对学力目标中的情意因素进行评价，要特别注意所用方法的效果。最常用的方法是直接的行动观察法，并辅以评定尺度法。对态度的评价，应很好地考虑其表现的方式。例如，有的是用言语表现出来的，如借助作文、交谈、通信等形式来表现的，评价可用问卷法、问题情景测验或口试等方法；有的是通过行动表现出来的，评价行动的态度，可用观察、记录、评定等方法。评价兴趣，可以使用观察法、问卷法及谈话法等。

总之，评价方法不能要求划一，要灵活处理，特别要注意根据学习的目标内容和学生的发展特点，选择最佳的方法或结合学科教育实际创造出更新的评价方法。

二、学力评价测验的利用

在教育评价中，论方法，学力评价的方法最多。不过，从测验的类别上看，大体可以分为两大类，即教师自制的测验和标准成就测验。

（一）教师自制测验的利用

在日常教学活动中，由于经常使用教师自制的测验，所以它就成了学力评价的主要形式。教师自制的测验，是教师根据学科教学大纲的要求，按照学生学习的内容从实际出发亲自编制的一种测验。这种测验，又称学力测验，其实用价值很大。

在学力评价中使用教师编制的测验，如果实施得当，就可以了解每个学生学习达到的水平，明确全班学生的发展方向，从而促进教学质量的不断提高。这种测验，可以用于教学的各个阶段。例如，为了弄清学生原来的学习程度，需要进行诊断性学力评价；为了调查学生的学习变化情况，需要进行形成性学力评价；为了判断学生取得的学习成果及所达到的水准，需要进行总结性学力评价。在这些评价活动中，使用教师自制的测验，既利于做出符合学生实际的评价结论，又利于进行评价结果的信息反馈，为制定新的教学计划提供客观依据。

为了使学力评价逐步科学化、规范化，有的学科根据教材内容的要求，确定在几个年段应达到的水平，按章制定教学目标，并根据学力评价目标的项目配制试题，使评价目标与教学目标相一致。这样编制的测验，对教与学的双方都有好处。对教师来说，不仅可以了解到学生是否达到预期的目的，而且可以预测学生的学力发展趋势。对学生来说，可以帮助他们了解自己的现状，明确今后提高学力水平的方向，从而激发学习的积极性。

使用教师自制的测验，当前分歧较大的地方，是信度问题。影响信度的主要因素是：

第一，命题的主观性。

影响命题主观性的因素是多方面的，除了对教学目标和学力评价目标的分析与把握不够以外，还有一些主观因素的干扰。例如，有的人怕影响个人声誉，出现命题过难或过易的现象。前者担心试题没有水平，后者担心学生考不出水平。

第二，评分标准不统一。

这里所说的评分标准不统一，并不是说测验没有一个统一的评分标准，而是说评分时对标准的掌握不一致，往往有凭印象给分的现象。这种情况，多发生在评分者自己任教的班级里。例如，同样一个错误，如果是学习好的学生的，有时就少扣分，甚至舍不得扣分，如果是学习差的学生的，不仅扣分，而且往往加重扣分。当然，也有相反的情况。

第三，学生的心理状态。

测验时，学生的心理状态对成绩影响很大。有的学生因过分重视测验，精神紧张程度加剧，产生不安的心理状态，甚至会引起身体上的某些异常变化；也有的学生是因为学习不好，对测验产生一种不安感，出现情绪不佳的现象。因此，教师应从爱护学生的观点出发，重视学生的情绪变化。

为了克服上述弊端，提高教师自制测验的信度，首先要明确测验的目的，使学力评价测验能在正确的目的指导之下进行，充分发挥评价的诊断功能，但要控制测验的次数，以免加重学生的负担。其次，要把握学力评价目标，教师自行编制测验，重要的是要仔细地进行目标分析，准确地掌握学生所学习的内容，把评价目标定得具体而明确，以利实施。最后，是选择测验的形式，学力测验的形式比较多，必须从优加以选择。例如，论文式测验和客观测验各有利弊，使用时应取各自的长处，弥补其短处。选择测验的形式，要考虑到测验的目的、评价目标、评价对象等多种因素。如果忽略了这些因素，就可能影响到评价测验的信度。

（二）标准成就测验的利用

目前进行学力评价，虽然是以教师自制的测验为主，但并不排斥其他的测验方式。标准成就测验，是由专家编制的标准学力测验。如果有条件利用，还是能客观地判断学生的学力水平的。

使用标准成就测验，有以下几个好处：一是可以把每个学生的学力水平与同年龄组的其他学生进行比较，以便作出客观的评价；二是能减少教师自制测验所产生的主观性和独断性，加强判断的客观性和代表性；三是能为学科教育计划的编制、学习指导及学力到达度的判断提供科学的客观依据。

标准成就测验的名目繁多，情况不一。名曰标准，究竟是否标准，需要经过教育实践予以充分地验证。为能正确地利用标准成就测验，选用时应遵循下列几项原则：

1. 要能完成预定的测验目的。

任何一项标准成就测验，都具有一定的目的，既有主要的测验目的，也有次要的测验目的。而学校利用这种测验的根本目的，在于弄清学生的质量，各个学科使用的目的是要正确地评价本学科教育的学力水准。选择标准成就测验，必须坚持从上述目的出发。如果选用的测验符合自己的目的要求，就有使用的价值，否则，就不宜使用。即使勉强使用，也难以达到自己的目的。

2. 要有高信度和高效度。

一般说来，标准成就测验的信度和效度都是高的，因为它是经过科学的程序编制的，是标准化的测验。但是，也应看到，有的标准成就测验只不过是按照一定的格式去做罢了，未必具有真正的科学标准。使用者如不注意这一情况，盲目乱用，就可能"上当受骗"，给评价工作造成损失，挫伤师生进行评价的积极性。因此，选用的标准成就测验，应是已被实践所证明了的具有高信度和高效度的。

3. 要有广泛的实用性。

选用标准成就测验，除了要考虑以上两个因素以外，还要考虑它的实用性。也就是说，既然是标准成就测验，就应有广泛的实用性。实用性是标准成就测验的一个重要标志。如果没有实用性，那就没有选用的价值。因此，所选用的测验应力求实用，特别要根据教学目标的要求和学生人数多少、年级高低等条件，选取易于实施、易于评分、易于解释的测验。如果实施难度较大，也不宜选用。总之，要从学校和学生的实际出发来决定。

上述学力测验的形式，不管选用哪一种，但都应做到有计划、有目的地实施，要防止滥用测验的不良倾向。例如，有的学校测验成灾，几乎天天考、周周考，加重了学生的负担，影响了学生的身心健康。这种现象说明，测验已经失控。如果测验失控，滥用测验，就难以起到它应起的作用。因此，进行学力评价时，对测验还要实行有效的控制，加强对评价活动的领导。

第五章　中学生体育水平的评价

　　中学教育，必须按照德、智、体、美、劳全面发展的总体目标去培养学生，使他们成为有理想、有道德、有文化、有纪律的社会主义公民，为培养各级各类的社会主义建设人才奠定牢固的基础。因此，评价学生的质量，不能只看智育，也不能只看德育，还要看体育、美育以及劳动教育的质量。这就是说，体育也是全面发展的教育目标一个重要组成部分，是使学生在其他方面得到充分发展的重要保证。评价学生的质量，决不能忽视体育的质量。如果忽视体育的评价，就根本谈不上什么全面的质量管理。所以，研究学生体育水平的评价，是现代教育评价的一个重要方面。

　　本章拟研究三个问题，即中学生体育水平评价的意义；中学生体育水平的评价目标；中学生体育水平的评价方法。

第一节　中学生体育水平评价的意义

　　探讨史学生体育水平评价的意义，其目的在于统一对这个问题的认识，加深对体育工作的理解，促进学生的全面发展。能否正确认识这个问题，是关系到学校教育质量的关键问题。它不仅涉及到众多的科任教师，而且还涉及到广大教育行政干部以及社会有关方面。因此，应充分地认识进行体育水平评价的重要意义和作用。

一、评价体育水平是促进教育质量观转变的需要

开展学生体育水平评价工作，是端正办学思想、纠正片面追求升学率倾向的重要措施。究竟用什么标准来衡量一所中学的教育质量，这在很大程度上影响着学校的办学方向，影响着教师的积极性。实际上，这是一个教育思想问题，也是一个教育质量观的问题。

教育思想，是办学的指导思想。社会主义的教育思想，是和社会主义现代化的建设要求相适应的，它是办学的依据，也是进行教育改革的依据。因此，要培养新时代所需要的人才，就必须全面地贯彻党的教育方针，使受教育者在德、智、体、美、劳几个方面都得到和谐地发展。教育思想的核心问题，是个教育质量观的问题。用什么标准来评价一所学校的教育质量，具有不同教育思想的人，其答案是不一样的。许多人认为，学生在德、智、体等几方面都得到发展，这是教育质量高。但也有的认为只有学生学习好，能升入上一级学校，才是质量高。这里就有一个教育质量观的问题。

片面追求升学率，片面强调智育，只要升学率，而忽视德育和体育等行为，是没有全面地贯彻党的教育方针的表现。并不是说升学率高是错的。办学，不讲升学率，是不现实的，也是违背中学培养目标的一种表现。中学是普通教育的关键阶段，它肩负着双重任务：一是为上一级学校输送合格新生，二是为社会各行各业输送合格的劳动后备力量。可见，升学率是评价学校教育质量高低的一个重要方面。正因为如此，有的学校升学率低的时候，校长感到压力很大，这是一种责任感强的表露。相反，如果没有这种压力，那就不正常了。问题的关键是，在要升学率的时候，有的学校走向了邪路——片面追求升学率，只强调智育，轻视体育和德育。例如，有的学校把毕业班的体育课砍掉了，课外体育活动时间也被挤掉了，正常的班团活动也没有了，

等等。这是片面追求升学率的表现。

由于忽视体育卫生工作，使学生的体质和健康水平下降了。例如，有的地方学生的身体发育不够匀称，存在着个子高、体重轻、胸围窄、肺活量小、体力差等状况；抵抗一些传染病、常见病和多发病的能力减弱了；视力减退仍在发展，已成为一个突出的问题。据中国学生体质、健康调研组1985年的调查，在7—22岁的85万汉族大、中、小学生中，视力不良率为34.26%，视力不良率最高的年龄组达74.167%。导致学生视力不良发生与发展的原因是多方面的，但是，一个重要的因素，是学校、家长乃至社会存在片面追求升学率的倾向，忽视学生的身体健康，不重视学校体育卫生工作，学生课业负担过重，学习时间延长，睡眠与体育活动时间减少。因此，各级教育行政部门和学校都要全面贯彻教育方针，并把体育卫生工作开展的好坏、全体学生体质及健康水平的高低作为评价学校教育质量的重要标准之一。但是，目前的招生工作还存在着择智育之优而录取的弊端，这种质量观必然对学校产生种种影响。因此，需要进一步完善学校体育工作评价制度，并付诸实施，才能真正促进教育质量观的转变。

教育质量观的转变，不仅限于教育行政部门和教育机关，还涉及社会各界和学生家长。这是因为，教育是个复杂的社会现象，它受到多种因素的制约。因此，转变教育质量观，决不是下一道行政命令所能奏效的。例如，有一个县就德、智、体、美劳几个方面的内容向各阶层的552人作了问卷调查，其中对体育条目的选择人数是："体育课成绩好，能达到规定的锻炼标准"，占总人数的13%；"学会锻炼身体的技能、技巧"，占11%；"具有锻炼身体的兴趣和习惯"，占20%；"身体健康，不出现驼背、近视等"，占11%；"具有一般的抵抗疾病的能力"，占1%；"具备能够担负繁重任务的强壮身体条件"，占30%；"能成为某项较出色的运动员"，占0%；等等。这说明，忽视体育的现象还是比较严重的。要真正解决这个问题，必须树立正确的教育质量观，全面地评价学校的教育水平。

二、评价体育水平是促进智育发展的需要

能否正确地评价学生的体育水平，不仅仅是体育本身的问题，它还涉及到同智育的关系问题。长期以来，人们对体育同智育的关系，一直存在着不同的看法。有的认为，体育和智育是相互促进的；有的认为，体育和智育是相互干扰的。由于评价观点的不同，因而在具体工作的安排上就不一样，由此所产生的影响也不一样。例如，有的中学白天8节正课，下午最后一节课是6点40分才结束，晚上7点50分又要上自习，除花半小时吃晚饭外，全天自由安排的时间只有40分钟。在这40分钟的时间里，学生除了洗衣服、洗澡的时间以外，就没有体育活动的时间了。这么长的学习时间，既影响了学生的身体健康，又影响了学习的效果。

中学生正处在长身体、长知识的重要时期，身体的发育状况对学习效果影响很大。如果学生能经常参加体育运动，就可以使成长时期的身体结构和机能都得到健康的发展，也能使学习处于精力充沛、心情愉快的最佳状态。强健的体质是智力发展的物质基础。心理学研究表明，体育运动能增强学生的头脑和神经系统的活动机能，使他们的感知觉敏锐和完善、注意力稳定和集中、思维敏捷、记忆力增强、想象力丰富、情感饱满、意志坚强。这说明运动增进了健康，同时又促进了智育的发展。如果忽略体育运动，甚至把它放到可有可无的地位，那就势必影响学校的智育水平。例如，据某地区1984年高考体检材料统计：考生总人数为6823人，体检全部合格者只有2529人，仅占考生总人数的37.07％；而身高不合格者为1416人，占总人数20.75％，体重不合格者1112人，占总人数16.30％；近视眼患者2764人，占总人

数 40.51％；专业受限制者 4277 人，占总人数 62.69％。这一情况说明，如果就智育抓智育，不能正确地处理智育与体育的关系，那么智育也难以抓上去。

影响智育水平的因素很多，除了智力因素以外，还有非智力因素，其中意志就是一个关键的因素。很多人都重视开发学生的智力，把智力因素放到一个极为重要的地位。但又要看到，非智力因素对一个人的成长影响也是很大的。有些学生的学习之所以失败，是因为他缺乏一个坚强的意志力，而不全在其智力上。这一点，很多名人名家都是深有体会的。数学家张广厚说："科学成就＝毅力＋耐性"；狄更斯说："顽强的毅力可以征服世界上任何一座高峰"；道尔顿说："我的成就不是靠天才，而是靠不屈不挠"。美国科学家爱迪生，为了解决灯丝材料问题，先后选择了 1600 多种材料，进行了 2000 多次试验，结果只有白金较为合适。但是，灯泡的成本太高，于是又以植物纤维为材料继续进行试验，一共试验了 6000 多种，最后发现竹丝炭化后效果较好，而且灯泡亮度胜过白金丝。爱迪生先后试验了 7600 多种材料，在一次又一次的失败面前，他并没有气馁，而是顽强地奋斗，终于获得了成功。这种坚强而持久的意志力，对学习任何一门功课都是必须具备的。

体育运动可以培养学生坚强的意志力。在体育运动中，有些动作难度是比较大的，而且有一定的危险性。如果没坚强的意志，那是很难完成的。体育运动，既可使人的头脑变得机敏、灵活，又可磨炼人的意志、性格。例如，从神经协调反应看，一般人需要 0.3—0.5 秒，而乒乓球运动员则需 0.1—0.09 秒。我国乒乓球队，在第 35 届世界乒乓球锦标赛中，男队在团体预赛和决赛中两度输给匈牙利队，没有拿到男子单打冠军，还丢了男子双打冠军。总结失败的教训后，提出三项训练任务：第一是练意志；第二是练技术；第三是练体力。为了增强运动员的体质，在两个冬训期间，每人每天要坚持跑 8000 米，总共跑了 60 多万米。两雄相争勇者胜，在第 36 届世界乒乓球赛中，我国运动员取得了 7 项冠军、5 项单项亚军的辉煌胜利。这种顽强的意志力对学生的学习也是极为重要的。通过体育运动可以磨炼他们的意志，培养他们的毅力，从而促进智育水平的提高。因此，正确评价体育水平，不只是体育本身的问题，而是智育发展的需要。

三、评价体育水平是促进体育学科改革的需要

体育学科，也像其他学科一样，正在进行着改革。这是教育改革的有机组成部分。但是，为了搞好这项改革，就需要围绕学生体育水平的质量开展必要的评价，并在评价的基础上提出改革的意见和方案。世界上许多国家都是这样做的。例如，在前苏联，他们认为由于忽视学生体育，使体力劳动者和脑力劳动者常常因体弱多病，无法胜任工作，致使国民经济蒙受重大损失。因此，在 1984 年就提出了改革学校体育教学的意见。有的专家还主张从五年级开始实行男女分班上课，小学除了每天都上体育课外，还要抓好课外体育活动。又如，在美国，他们认为以前的体育教学目的性不明确，今后的改革方向应以发展学生的身体为目的，使学生向自觉学习的方向转化。我国的体育教学改革也是经过评价提出的，针对存在的问题强调要改革体育的教育思想、教学内容和教学方法，把增进学生健康、增强学生体质的任务摆在首位。

体育学科进行改革的目的，在于提高学生的体育水平。但是，搞改革，就不是无病呻吟，而是因为存在着种种弊端才需要改革。对体育来说，影响学生质量的关键是师资力量不足，对此必须作出客观的评价。例如，全国中学应配备专职体育教师是 17.7 万名，而现在只有 11.9 万名，缺额 5.8 万名；在现职中学体育教师中，学历合格者占 20% 左右，不合格者占 80% 左右。小学体育教师缺额更严重，全国小

学在校生 13600 万名，404 万个教学班，而现有的专职体育教师仅有 4 万多名，平均 101 个教学班、3400 名学生才有一名体育教师。目前，中小学体育教师缺额总计为 12 万名左右。体育教学经费和场地设备不足的情况也很严重。据说中小学生每人每年的体育经费平均只有几分钱，体育场地不足或根本没有场地的学校也不少。上述这些问题，尽管有关部门都在积极地设法解决，但毕竟对提高体育教育质量会产生重大的影响。因此，进行体育教学改革，应对体育教学工作的现状进行必要的评价。否则，改革是无从抓起的。

在体育教学改革的过程中，很多单位都把如何评价学生的体育水平列为重要的科研课题。这是加强体育教学管理的需要，也是学校全面贯彻党的教育方针的需要。对学生体育水平的评价，过去没有把增强体质发展能力放到应有的重要位置上。评价学生体育发展水平，难度是比较大的。尽管如此，但一些学校还是坚持边研究边实验，力求从理论与实践的结合上探索出一条新路。例如，重庆市某中学，为了摆脱忽视体质和能力的、以"运动教学"为本的、以"运动学生"为特点的体育思想的束缚，在普查学生体质的基础之上，积极进行体质发展的综合实验，同时改革学生体育水平的评价方法，把体质发展水平作为体育考核的重要内容，使学校体育的重点真正转移到增强学生体质的轨道上来，使体育教学等活动能经常地接受医务监督和营养咨询，从而促进了学生身体素质、生长发育水平和机能水平的提高。

随着体育教改的不断深入和发展，对体育水平评价的要求越来越高。因此，应探讨体育成绩的综合评价办法，力求全面地、科学地反映出学生的体育水平。这是实行体育科学管理的重要环节。如果能有一套可行的、科学的体育评价标准和方法，那么体育教学的奋斗目标就会更加明确，质量鉴定与分析也就有了可遵循的依据。

第二节　中学生体育水平的评价目标

一、学生体育水平的评价依据

学生体育水平，是衡量一所中学教育质量高低的重要标准之一，也是评价体育教学质量的主要标志。学生的体育水平，是其全面发展效果的反映。因此，能否正确地评价学生的体育水平，是关系到全面贯彻党的教育方针的问题。

中学体育课是国家教育委员会颁布的中学教学计划所规定的必修课之一。因此，评价学生的体育水平，应根据中学生体育教学的目的和任务，根据《中小学体育工作暂行规定》的要求，根据《中国学生体质、健康调查研究》的有关资料，根据《国家体育锻炼标准》的规定内容，并结合各地的实际，制定切实可行的具体评价目标。具体分述如下：

（一）根据中学体育教学的目的和任务

中学体育教学是根据国家制定的大纲进行的。因此，教学的目的和任务是评价学生体育水平的基本依据。

中学体育教学的目的是："增强学生体质，促进身心发展，使学生在德育、智育、体育、美育等方面得到全面的发展，成为祖国社会主义的建设者和保卫者。"体育教学的这一目的，不仅是体育教学的指导思想，而且是评价学生体育水平的指导思想。做什么事情，都有个目的问题，评价也是如此，只要能把握体育教学的目的，就会使体育评价沿着正确的方向发展，否则，就可能出现偏离正确方向的现象。

中学体育教学的任务，是体育教师教学的目标，也是学生体育课学习的目标，同时又是评价学生体育水平的重要依据。中学体育教学的基本任务是：

第一，要全面锻炼学生的身体。

要根据中学生的年龄和生理等方面的特点，有计划地、有组织地锻炼学生的身体，促进他们身体的正常生长发育，培养健美的体格；全面发展学生的身体机能、身体素质和人体的基本活动能力，提高对外界环境的适应能力，以收到增强体质的实效。

第二，要使学生学习和掌握体育的基础知识、基本技能和基本技术。

教学是双边活动，为了充分地调动学生学习的积极性，要使他们理解学校体育的目的、任务和体育在整个教育中的地位与意义；教会他们锻炼身体和生活中的基本实用技能、运动技术和体育娱乐方法；使学生懂得锻炼身体的基本原理和独立锻炼身体的科学方法，以适应终生锻炼身体和生活娱乐的需要。

第三，要向学生进行思想品德教育。

结合体育教学的特点，教育学生热爱共产党、热爱社会主义祖国，培养他们为祖国而自觉锻炼身体的社会责任感和献身精神，养成经常参加体育锻炼的良好习惯；激发学生热爱体育的兴趣，发展他们的个性，培养他们坚强的意志、勇敢顽强的精神和创造性；培养学生服从组织、遵守纪律、热爱集体、团结合作和生动活泼的思想作风；陶冶美的情操，培养文明行为，遵守社会公德。

总之，上述三项任务是密切结合的，增强体质是体育教学的基本要求和重要特点，体育的基础知识、基本技能和基本技术，既是增强学生体质、发展智力和进行思想品德教育的手段，也是中学生应具有的文化素养。因此，这三项任务，不仅是中学体育教学的培养目标，而且是制定体育水平评价目标的基本依据。

（二）根据《中小学体育工作暂行规定》

《中小学体育工作暂行规定》是根据《中学工作暂行条例》和《小学工作暂行条例》制定的。因此，试行《中小学体育工作暂行规定》，这是督促和推动中小学体育工作的一项措施，是进一步贯彻中小学生守则，使学生向"三好"迈进的重要步骤。

《暂行规定》，明确指出了中小学体育工作的基本任务，并对体育课教学和课外体育活动作了具体规定，特别值得重视的是规定了学校体育工作的评价目标。"评定中小学体育工作的成绩，最根本的是看学生的体质是否有所增强。"其具体目标是：

1. 看学校领导的重视程度；

2. 看体育教研组发挥的作用；

3. 看体育教学的质量；

4. 看群众体育活动开展的情况，《国家体育锻炼标准》通过的人数；

5. 看体育运动技术水平在原有基础上提高的程度；

6. 看学生的健康情况。

为了有步骤地、分期分批地在中小学实现《暂行规定》的要求，做好学校体育工作，逐步改善中小学生的健康状况，不断增强他们的体质，国家又决定首先对县以上重点中小学的体育、卫生工作进行检查验收，并制定了相应的具体评价标准。主要从三个方面去进行评价，即学校领导分6项，共130分；体育工作分2项，共100分；卫生工作分2项，共70分。总共有10项，满分为200分。其中关于体育工作的具体评价标准是：

A. 体育课教学（60分）具体要求如下：

①有学年、学期、单元的教学计划（10分）；

②认真备课，钻研教材、教法，写好教案（15分）；

③按教学大纲中三项基本任务上好体育课，记好课后小结。有一个形成习惯的课堂常规（20分）；

④严格考试、考勤制度，做好体育课所学项目的技评（酌情）和达标两方面的学习成绩的考核评定（10分）；

⑤不断积累资料，总结经验，摸索体育教学规律（5分）。

B. 课外体育活动（40分）具体要求如下：

①积极推行《国家体育锻炼标准》，达标率逐年有提高（20分）；

②建立传统项目的代表队，坚持常年有计划地训练，技术水平不断提高，带动普及工作的开展（10分）；

③每年举办1—2次全校运动会，有计划地开展校内、校际间的小型竞赛（10分）。

以上评价目标和具体的评价标准，对增强学生体质、提高健康水平都起到了积极的作用。因此，应把它作为制定评价学生体育水平目标的一个重要依据。

（三）根据《国家体育锻炼标准》

体育锻炼标准是我国的一项体育制度。它对鼓励和推动中小学生积极参加体育锻炼，增强体质，提高运动技术水平，培养良好的思想品德具有十分重要的意义。

体育教学的内容是根据中学体育教学的目的和任务来确定的。现行体育教材包括了锻炼标准的全部内容，并使学生成绩考核项目与锻炼标准项目一致。因此，积极推行这一体育制度，不仅能促进体育教学质量的提高，而且能推动课外体育活动的开展，从而达到增强学生体质的目的。

课外体育活动，是学校体育工作的一个重要方面，是增强学生体质的有效措施。完成学校体育任务的基本途径是体育教学，同时还要加强对课外体育活动的领导，丰富课外体育活动的内容，培养学生课外锻炼身体的良好习惯，做到课内教学与课外活动相结合。因此，体育锻炼标准又是课外体育活动的重要内容。各校在推行这一体育制度方面，已取得了很大成绩。据统计，全国普通中学达到锻炼标准的学生一般在 40—70％。

国家体育锻炼标准的测验项目，按年龄分为 4 个组，其中少年乙组 13—15 岁，即初中生组；少年甲组 16—17 岁，即高中生组。体育锻炼及测验的项目共设 5 类（见表 1），可从每类项目中各选一项作为测验内容，总共 5 项，每项 100 分。是否达到国家规定的标准，按总分确定。达标等级分为及格、良好、优秀 3 级：

及格级标准　250 分至 349 分

良好级标准　350 分至 449 分

优秀级标准　450 分至 500 分

表 1　中学生锻炼、测验项目表

组别 项目 类别	少年乙组	少年甲组
第一类	50 米跑 25 米计时往返跑 10 秒 25 米往返跑 100 米跑（男女同）	50 米跑 25 米计时往返跑 10 秒 25 米往返跑 100 米跑（男女同）
第二类	1000 米跑 1500 米跑（以上男） 800 米跑（女） 3 分钟 25 米往返跑 200 米游泳 1000 米滑冰（以上男女同）	1000 米跑 1500 米跑（以上男） 800 米跑（女） 4 分钟 25 米往返跑 200 米游泳（以上男女同） 滑冰（男 1500 米、女 1000 米）

第三类	跳远 跳高 立定跳远（以上男女同）	跳远 跳高 立定跳远（以上男女同）
第四类	掷实心球（2公斤） 推铅球（3公斤）（以上男女同）	掷实心球（男女均2公斤） 推铅球（男5公斤、女4公斤）
第五类	引体向上（男） 1分钟仰卧起坐（女） 举重物（男15公斤、女10公斤）	引体向上（男） 1分钟仰卧起坐（女） 举重物（男20公斤、 女12.5公斤）

二、学生体育水平的评价目标

体育，是全面发展方针的一个重要方面，是学校教育的有机组成部分。从这个意义上理解的体育，所包括的内容很丰富，范围也很广泛。例如，体育教学、课外体育活动、间操、眼保健操、卫生保健、学生的生长发育及体态、机能，等等，均属于学校体育工作的范围。不过，在这里所说的学生体育水平的评价目标，是从狭义上解释的，是把体育作为一门学科来理解的。因此，探讨学生的体育水平，同探讨其他学科教育的学力水平一样，是判断学生通过体育教学所达到的程度。但是，体育教学受学生的生理和心理的发展规律的制约很大，工作既复杂又繁重，评价方法主要靠学生实际表现，这一点完全有别于其他学科。

根据中学体育教学的目的和任务的要求，以及中学体育教学的学科特点，学生体育水平的评价目标可由4个部分构成，即体育课学习表现、体育基础知识、身体素质和运动能力、运动技能和技巧。现分述如下：

（一）体育课学习表现

学生在体育课学习的表现，应包括出勤情况、学习态度、课堂纪律和体育作风等。

（二）体育基础知识

这是就体育基础理论来说的，其内容包括体育教学大纲规定的基础知识和教师自选教材内容，例如，田径和球类的规则、体育与智育和智力发展，青春期与体育等等。

（三）身体素质和运动能力

身体素质，包括 50 米、立定跳远、引体向上（男）、俯卧撑（女）、1000 米（男）、800 米（女）。

运动能力，包括 100 米、800 米（女）、1000 米（男）、1500 米（男）、跳高、跳远、铅球、手榴弹。

（四）运动技能和技巧

运动技能、技巧，包括单杠、双杠、分腿腾越（山羊）、支撑跳跃（男生纵放器械，女生横放器械）、滚翻等。

各年级的评价目标，详见表 2。

表 2　各年级身体素质和运动能力及运动技能、技巧考核项目

达标项目				技评项目
跑	跳	投掷	素质	
1.50 米跑 2.800 米跑（女生）；1000 米或 1500 米跑（男生）	1. 跳高 2. 跳远	手榴弹（300 克或 500 克）或铅球（4 公斤）或掷实心球（规则同《锻炼标准》）	1. 仰卧起坐（1分钟）2. 仰卧悬垂臂屈伸（单杠，女生）3. 俯卧撑臂屈伸（手撑高处）	1. 技巧 2. 分腿腾越（山羊）3. 单杠 4. 双杠

二	1.50 米跑或 100 米跑 2.800 米跑（女生）1000 米或 1500 米跑（男生）	1. 跳高 2. 跳远	手榴弹（300 克或 500 克）或铅球（4 公斤）或掷实心球（规则同《锻炼标准》）	1. 仰卧起坐（1 分钟） 2. 引体向上（男生），仰卧悬垂臂屈伸（女生） 3. 杠上俯卧撑臂屈伸（男生）；手撑高处俯卧撑臂屈伸（女生）	1. 技巧 2. 支撑跳跃（横放器械） 3. 单杠 4. 双杠
三	1.100 米或 50 米跑 2.800 米跑（女生）1000 米或 1500 米（男生）	1. 跳高 2. 跳远	1. 手榴弹（500 克） 2. 铅球（4 公斤）或掷实心球（规则同《锻炼标准》）	1. 仰卧起坐（1 分钟）（女生） 2. 引体向上（男生）；仰卧悬垂臂屈伸或 1 分钟仰卧起坐（女生） 3. 支撑臂屈伸（男生）；杠上俯卧撑臂屈伸（女生）	1. 技巧 2. 支撑跳跃（横放器械） 3. 单杠 4. 双杠
四	1.100 米跑 2.1500 米跑（男生）；800 米跑（女生）	1. 跳高 2. 三级跳远或跳远（男生）；跳远（女生）	1. 手榴弹（500 克） 2. 铅球（男生 5 公斤，女生 4 公斤）或掷实心球（规则同《锻炼标准》）	1. 立卧撑（男生） 2.1 分钟仰卧起坐（女生） 3. 引体向上（男生） 4. 支撑摆动臂屈伸（男生）；杠上俯卧撑臂屈伸（女生）	1. 技巧 2. 支撑跳跃（男生纵放器械，女生横放器械） 3. 单杠 4. 双杠

五	1.100 米跑 2.1500 米跑（男生）；800 米跑（女生）	1. 跳高 2. 三级跳远或跳远（男生）；跳远（女生）	1. 手榴弹（500 克） 2. 铅球（男生 5 公斤，女生 4 公斤）或掷实心球（规则同《锻炼标准》）	1. 立卧撑（男生）；1 分钟仰卧起坐（女生） 2. 引体向上（男生） 3. 支撑摆动臂屈伸（男生）；杠上俯卧撑臂屈伸（女生）	1. 技巧 2. 支撑跳跃（男生纵放器械，女生横放器械） 3. 单杠 4. 双杠
六	1.100 米跑 2.1500 米跑（男生）；800 米跑（女生）	1. 跳高 2. 三级跳远或跳远（男生）；跳远（女生）	1. 手榴弹（500 克） 2. 铅球（男生 5 公斤，女生 4 公斤）或掷实心球（规则同《锻炼标准》）	1. 立卧撑（男生） 2.1 分钟仰卧起坐（女生） 3. 引体向上（男生）	1. 技巧 2. 支撑跳跃 3. 单杠 4. 双杠

注：田径、武术、球类、基本体操和舞蹈与艺术体操的技评，以考核基本技术为主。一般应在单元教学完成后进行考核。

（引自：《全日制中学体育教学大纲》，1987 年 2 月）

第三节　中学生体育水平的评价方法

一、各项体育评价目标的评分标准

前面所列各项评价目标，是采取了综合评价的方法。因此，不仅要评价学生的体育成绩，而且还要评价他们的学习表现。但各项评价目标的评分比重是不一样的，满分为 100 分，每项所占的分数百分比是：

体育课学习表现占 10％；

体育基础知识占 20％；

身体素质和运动能力占 40％；

运动技能和技巧占 30％。

（一）体育课学习表现的评分标准

学习表现采取记分的方法很困难，尤其在所教学生数额大的情况下困难更大。因此，可采取百分制和等级制相结合的方法，可先评出等级，如"优、良、中、差"，然后再换算成分数，90 分以上为优，75—89 分为良，60—74 分为中，59 分以下为差。为便于换算，可把分数划成几个档次，如 95、90、85、80、75、70、65、60、55……，不宜逐分细算。

（二）体育基础知识的评分标准

对体育规则等知识方面的评价，应采取书面测验的方式，其评分标准可视试题的数量和难度来确定，但测验时间一般不宜超过 15—20分钟。评分方法应采用百分制。为不过分增加学生的负担，命题应力求清楚、准确，答案应做到简明、扼要。

（三）身体素质和运动能力的评分标准

国家教育委员会在新制订的《体育教学大纲》中指出："由于我国幅员广大，南北气温相差悬殊，学生的生长发育和体育水平的发展也不平衡。因此，评分标准只强调统一性，不考虑灵活性，也难以实行。例如，南方学生的身体素质，一般在速度、灵巧方面较好；而北方学生的力量、耐力较强。对此，各地可根据实际情况或本地区制订的评分标准，在考虑学生体育课成绩时，允许与本大纲所规定的标准有上下的浮动。"国家规定的评分标准，详见下表 3。

表 3－1　身体素质和运动能力

分数	性别	50米跑（秒）			100米跑（秒）				
		一	二	三	二	三	四	五	六
100	女	8″1	8″0	7″9	15″6	15″5	15″5	15″5	15″5
	男	7″8	7″3	7″1	14″3	13″6	13″2	12″8	12″6
95	女	8″2	8″1	8″0	15″9	15″8	15″8	15″8	15″8
	男	7″9	7″4	7″2	14″6	13″9	13″4	13″0	12″8
90	女	8″3	8″2	8″1	16″2	16″1	16″1	16″1	16″1
	男	8″0	7″5	7″3	14″8	14″1	13″7	13″2	13″0
85	女	8″5	8″4	8″3	16″4	16″3	16″3	16″3	16″3
	男	8″2	7″7	7″4	15″1	14″4	13″9	13″5	13″2
80	女	8″6	8″5	8″4	16″7	16″6	16″6	16″6	16″6
	男	8″3	7″8	7″5	15″3	14″6	14″2	13″7	13″5
75	女	8″7	8″6	8″5	17″0	16″9	16″9	16″9	16″9
	男	8″4	7″9	7″7	15″6	14″9	14″4	13″9	13″7
70	女	8″9	8″7	8″7	17″3	17″2	17″2	17″2	17″2
	男	8″5	8″0	7″8	15″9	15″1	14″6	14″1	13″9
65	女	9″0	8″8	8″8	17″6	17″5	17″5	17″5	17″5
	男	8″6	8″1	7″9	16″1	15″4	14″9	14″3	14″1

考核项目评分标准

800 米跑（女生）（分、秒）						1000 米跑（男生）（分、秒）		
一	二	三	四	五	六	一	二	三
3′16″	3′12″	3′10″	3′10″	3′10″	3′10″			
						3′50″	3′38″	3′34″
3′20″	3′16″	3′15″	3′15″	3′15″	3′15″			
						3′55″	3′43″	3′38″
3′24″	3′20″	3′19″	3′19″	3′19″	3′19″			
						3′59″	3′47″	3′42″
3′28″	3′24″	3′24″	3′24″	3′24″	3′24″			
						4′4″	3′51″	3′46″
3′22″	3′27″	3′29″	3′29″	3′29″	3′29″			
						4′9″	3′56″	3′50″
3′35″	3′31″	3′34″	3′34″	3′34″	3′34″			
						4′14″	4′0″	3′53″
3′39″	3′35″	3′38″	3′38″	3′38″	3′38″			
						4′18″	4′5″	3′57″
3′43″	3′39″	3′43″	3′43″	3′43″	3′43″			
						4′23″	4′9″	4′1″

表 3-2

分数	性别	50米跑（秒）一	二	三	100米跑（秒）二	三	四	五	六
60	女	9″1	9″0	8″9	17″8	17″7	17″7	17″7	17″7
	男	8″8	8″3	8″0	16″4	15″6	15″1	14″6	14″3
55	女	9″2	9″1	9″0	18″1	18″0	18″0	18″0	18″0
	男	8″9	8″4	8″1	16″6	15″9	15″4	14″8	14″6
50	女	9″4	9″2	9″2	18″4	18″3	18″3	18″3	18″3
	男	9″0	8″5	8″2	16″9	16″1	15″6	15″0	14″8
45	女	9″5	9″4	9″3	18″8	18″7	18″7	18″7	18″7
	男	9″2	8″7	8″4	17″3	16″4	15″9	15″4	15″0
40	女	9″7	9″6	9″5	19″2	19″1	19″1	19″1	19″1
	男	9″3	8″8	8″6	17″7	16″8	16″3	15″7	15″4
35	女	9″9	9″8	9″7	19″6	19″5	19″5	19″5	19″5
	男	9″5	9″0	8″7	18″1	17″1	16″9	16″1	15″7
30	女	10″1	10″0	9″9	20″0	19″9	19″9	19″9	19″9
	男	9″6	9″2	8″9	18″5	17″4	17″0	16″5	16″1

800 米跑（女生）（分、秒）						1000 米跑（男生）（分、秒）		
一	二	三	四	五	六	一	二	三
3′47″	3′43″	3′48″	3′48″	3′48″	3′48″			
						4′28″	4′14″	4′5″
3′50″	3′46″	3′53″	3′53″	3′53″	3′53″			
						4′32″	4′18″	4′9″
3′54″	3′50″	3′57″	3′57″	3′57″	3′57″			
						4′37″	4′23″	4′13″
4′1″	3′57″	4′4″	4′4″	4′4″	4′4″			
						4′48″	4′31″	4′20″
4′7″	4′4″	4′10″	4′10″	4′10″	4′10″			
						4′59″	4′40″	4′26″
4′14″	4′10″	4′16″	4′16″	4′16″	4′16″			
						5′9″	4′49″	4′33″
4′20″	4′17″	4′22″	4′22″	4′22″	4′22″			
						5′20″	4′58″	4′40″

表 3－3

分数	性别	1500 米跑（男生）（分、秒）					
		一	二	三	四	五	六
100	女						
	男	6′6″	5′53″	5′38″	5′25″	5′20″	5′15″
95	女						
	男	6′13″	5′59″	5′44″	5′31″	5′26″	5′21″
90	女						
	男	6′20″	6′6″	5′50″	5′37″	5′32″	5′27″
85	女						
	男	6′26″	6′12″	5′53″	5′43″	5′38″	5′34″
80	女						
	男	6′33″	6′18″	6′1″	5′49″	5′44″	5′40″
75	女						
	男	6′40″	6′25″	6′7″	5′55″	5′51″	5′46″
70	女						
	男	6′46″	6′31″	6′13″	6′1″	5′57″	5′52″
65	女						
	男	6′53″	6′38″	6′18″	6′8″	6′3″	5′58″

跳高（米）						跳远（米）					
一	二	三	四	五	六	一	二	三	四	五	六
1.10	1.19	1.20	1.21	1.22	1.23	3.40	3.49	3.60	3.63	3.65	3.72
1.17	1.24	1.33	1.35	1.38	1.40	3.83	4.35	4.40	4.50	4.59	4.68
1.08	1.16	1.17	1.19	1.20	1.21	3.32	3.42	3.52	3.55	3.57	3.64
1.15	1.22	1.30	1.33	1.36	1.38	3.74	4.24	4.31	4.41	4.52	4.61
1.05	1.14	1.14	1.17	1.18	1.19	3.25	3.35	3.44	3.47	3.49	3.56
1.12	1.20	1.28	1.30	1.33	1.36	3.67	4.13	4.22	4.32	4.44	4.54
1.03	1.11	1.12	1.15	1.16	1.17	3.17	3.28	3.37	3.39	3.41	3.48
1.01	1.09	1.09	1.13	1.14	1.15	3.10	3.21	3.29	3.31	3.33	3.40
1.01	1.09	1.09	1.13	1.14	1.15	3.10	3.21	3.29	3.31	3.33	3.40
1.08	1.15	1.23	1.26	1.29	1.32	3.52	3.92	4.04	4.13	4.30	4.41
1.00	1.06	1.07	1.11	1.12	1.13	3.02	3.14	3.21	3.23	3.25	3.32
1.06	1.13	1.20	1.24	1.27	1.30	3.44	3.81	3.96	4.04	4.23	4.34
0.96	1.03	1.04	1.08	1.09	1.10	2.94	3.07	3.13	3.15	3.17	3.24
1.03	1.11	1.17	1.21	1.24	1.28	3.36	3.70	3.87	3.95	4.15	4.27
0.94	1.01	1.02	1.05	1.06	1.07	2.87	3.00	3.05	3.07	3.09	3.16
1.01	1.09	1.15	1.19	1.22	1.26	3.28	3.59	3.78	3.86	4.08	4.20

表 3—4

分数	性别	一	二	三	四	五	六
		项目	1500 米跑（男生）				
		年级	（分、秒）				
60	女						
	男	7′0″	6′44″	6′24″	6′14″	6′9″	6′5″
55	女						
	男	7′7″	6′50″	6′30″	6′20″	6′15″	6′11″
50	女						
	男	7′13″	6′57″	6′36″	6′26″	6′21″	6′17″
45	女						
	男	7′29″	7′7″	6′46″	6′34″	6′29″	6′25″
40	女						
	男	7′44″	7′17″	6′56″	6′41″	6′37″	6′33″
35	女						
	男	8′0″	7′27″	7′7″	6′49″	6′45″	6′41″
30	女						
	男	8′15″	7′38″	7′17″	6′57″	6′53″	6′49″

跳高（米）						跳远（米）					
一	二	三	四	五	六	一	二	三	四	五	六
0.92	0.98	1.00	1.02	1.03	1.04	2.79	2.93	2.98	2.99	3.01	3.08
0.99	1.06	1.12	1.17	1.20	1.24	3.21	3.49	3.69	3.76	4.01	4.14
0.89	0.96	0.97	0.99	1.00	1.01	2.72	2.86	2.90	2.91	2.93	3.00
0.96	1.04	1.10	1.14	1.17	1.22	3.13	3.38	3.60	3.67	3.93	4.07
0.87	0.93	0.94	0.96	0.97	0.98	2.64	2.79	2.82	2.83	2.85	2.92
0.94	1.02	1.07	1.12	1.15	1.20	3.05	3.27	3.51	3.58	3.86	4.00
0.84	0.90	0.91	0.94	0.95	0.96	2.57	2.71	2.74	2.75	2.77	2.84
0.92	0.99	1.04	1.09	1.12	1.17	2.98	3.19	3.41	3.49	3.74	3.38
0.82	0.87	0.89	0.92	0.93	0.94	2.50	2.63	2.66	2.67	2.70	2.76
0.90	0.97	1.02	1.06	1.09	1.14	2.90	3.12	3.32	3.39	3.63	3.75
0.79	0.84	0.86	0.89	0.90	0.91	2.43	2.55	2.57	2.59	2.62	2.68
0.88	0.94	1.00	1.04	1.06	1.11	2.86	3.04	3.22	3.30	3.51	3.63
0.76	0.81	0.84	0.87	0.88	0.98	2.36	2.47	2.49	2.51	2.54	2.60
0.86	0.91	0.97	1.01	1.03	1.08	2.76	2.96	3.13	3.21	3.40	350

表 3−5

分数	性别	三级跳远（男生）米			手榴弹（米）			
					300 克		500 克	
		四	五	六	一	二	三	四
100	女				19.00	21.00	19.00	20.00
	男	9.50	9.80	10.10	30.00	31.00	32.00	35.00
95	女				18.50	20.50	18.50	19.50
	男	9.25	9.55	9.85	29.00	30.50	31.00	34.50
90	女				18.00	20.00	18.00	19.00
	男	9.00	9.30	9.60	28.00	30.00	30.00	34.00
85	女				17.50	19.50	17.50	18.50
	男	8.75	9.0	9.30	27.00	29.50	29.50	33.50
80	女				17.00	19.00	17.00	18.00
	男	8.50	8.70	9.00	26.00	29.00	29.00	33.00
75	女				16.50	18.50	16.50	17.50
	男	8.15	8.35	9.70	25.00	28.00	28.00	32.50
70	女				16.00	18.00	16.00	17.00
	男	7.80	8.00	8.40	24.00	27.00	26.00	32.00
65	女				15.00	17.00	15.00	16.00
	男	7.40	7.65	8.00	23.00	26.00	24.00	31.00

项目　年级　性别

手榴弹（米）500克		推铅球（米）						掷实心球（米）		
五	六	一	二	三	四	五	六	一	二	三
22.00	23.00	6.20	6.70	6.94	6.05	6.30	6.50	5.33	6.14	6.68
38.00	40.00	7.65	9.50	10.00	8.50	8.55	8.70	6.71	8.14	8.59
21.50	22.50	5.98	6.48	6.74	5.91	6.15	6.34	5.18	5.96	6.51
37.50	39.50	7.45	9.18	9.71	8.27	8.36	8.53	6.50	7.86	8.32
21.00	22.00	5.76	6.27	6.55	5.77	5.99	6.17	5.03	5.77	6.33
37.00	39.00	7.24	8.85	9.42	8.05	8.16	8.36	6.28	7.59	8.05
20.50	21.50	5.54	6.05	6.35	5.63	5.84	6.01	4.88	5.58	6.14
36.50	38.50	7.04	8.53	9.14	7.82	7.97	8.19	6.06	7.31	7.78
20.00	21.00	5.32	5.83	6.15	5.49	5.69	5.84	4.73	5.39	5.97
36.00	38.00	6.83	8.20	8.85	7.60	7.77	8.02	5.58	7.04	7.50
19.50	20.50	5.11	5.62	5.96	5.36	5.53	5.68	4.58	5.21	5.78
35.50	37.50	6.63	7.88	8.56	7.37	7.58	7.85	5.64	6.49	7.23
18.80	20.00	4.89	5.40	5.76	5.22	5.38	5.52	4.42	5.02	5.61
34.00	37.00	6.42	7.55	8.27	7.14	7.38	7.68	5.42	6.21	6.96
18.00	19.00	4.67	5.18	5.56	5.08	5.22	5.35	4.27	4.84	5.42
33.50	36.00	6.22	7.23	7.98	6.91	7.19	7.51	5.21	5.93	6.69

表 3－6

分数	性别	三级跳远（男生）米			手榴弹（米）			
		四	五	六	300 克		500 克	
					一	二	三	四
60	女				14.00	16.00	14.00	15.50
	男	7.00	7.30	7.60	22.00	25.00	22.00	30.00
55	女				13.50	15.50	13.50	15.00
	男	6.65	6.95	7.25	21.00	24.00	21.00	29.00
50	女				13.00	15.00	13.00	14.50
	男	6.30	6.60	6.90	20.00	23.00	20.00	27.50
45	女				12.50	14.50	12.50	14.00
	男	5.90	6.25	6.55	19.00	22.00	19.00	26.00
40	女				12.00	14.00	12.00	13.50
	男	5.60	5.95	6.20	18.00	21.00	18.00	24.50
35	女				11.50	13.50	11.50	13.00
	男	5.25	5.55	6.85	17.00	20.00	17.00	23.00
30	女				11.00	13.00	11.00	12.50
	男	4.90	5.20	5.50	16.00	19.00	16.00	21.50

手榴弹（米）500克		推铅球（米）						掷实心球（米）		
五	六	一	二	三	四	五	六	一	二	三
17.00	18.00	4.54	4.96	5.36	4.94	5.07	5.19	4.13	4.65	5.24
32.00	35.50	6.01	6.90	7.70	6.69	6.99	7.34	4.99	5.66	6.42
16.00	17.00	4.23	4.75	5.18	4.80	4.91	5.02	3.98	4.46	5.06
32.00	35.00	5.81	6.58	7.41	6.47	6.80	7.17	4.78	5.39	6.14
15.00	16.00	4.01	4.53	4.97	4.66	4.76	4.86	3.83	4.28	4.88
31.50	34.00	5.60	6.25	7.12	6.24	6.60	7.00	4.57	5.27	5.87
14.00	15.00	3.81	4.34	4.76	4.52	4.61	4.71	3.68	4.13	4.71
30.00	33.00	5.37	6.04	6.84	6.01	6.34	6.72	4.39	5.07	5.65
13.50	14.00	3.61	4.14	4.54	4.38	4.47	4.56	3.54	3.98	4.54
25.50	32.00	5.14	5.82	6.55	5.77	6.08	6.44	4.22	4.91	5.43
13.50	13.00	3.40	3.95	4.33	4.23	4.32	4.41	3.39	3.84	4.37
25.00	31.00	4.90	5.61	6.27	5.54	5.82	6.16	4.05	4.75	5.21
12.50	12.50	3.20	3.76	4.11	4.09	4.18	4.26	3.24	3.69	4.21
24.50	30.00	4.67	5.39	5.99	5.30	5.56	5.88	3.88	4.58	4.99

表 3-7

分数	性别	掷实心球（米）			双杠俯卧撑臂屈伸（手撑高处）		双杠支撑臂屈伸（次）	双杠支撑摆动臂屈伸	
		四	五	六	一	二	三	四	五
100	女	6.74	6.80	7.00	8	9			
	男	10.20	10.30	10.69	10		9	8	9
95	女	6.56	6.63	6.82					
	男	9.88	10.02	10.41					
90	女	6.38	6.46	6.65	7	8			
	男	9.57	9.74	10.13	9		8	7	8
85	女	6.20	6.29	6.47					
	男	9.25	9.46	9.87					
80	女	5.99	6.12	6.30	6	7			
	男	8.94	9.18	9.59	8		7	6	7
75	女	5.80	5.95	6.12					
	男	8.62	8.90	9.31					
70	女	5.62	5.78	5.94	5	6			
	男	8.30	8.61	9.03	7		6	5	6
65	女	5.45	5.61	5.77	4	5			
	男	7.99	8.33	8.75	6		5	4	5

双杠上俯卧撑臂屈伸（次）					1分钟仰卧起坐（次）						引体向上（次）					单杠仰卧悬垂臂屈伸（次）			立卧撑（次）		
二	三	四	五	六	一	二	三	四	五	六	二	三	四	五	六	一	二	三	四	五	六
	7	8	9	10	37	38	36	36	36	36						7	8	9			
7					49	50					9	10	11	12	13				9	10	11
					36	37	35	35	35												
					46	48															
	6	7	8	9	34	35	33	33	33	33						6	7	8			
6					43	46					8	9	10	11	12				8	9	10
					32	33	31	31	31	31											
					40	43															
	5	6	7	8	30	31	29	29	29	29						5	6	7			
5					36	40					7	8	9	10	11				7	8	9
					28	29	27	27	27	27											
					32	36															
	4	5	6	7	26	27	25	25	25	25						4	5	6			
4					28	32					6	7	8	9	10				6	7	8
	3	4	5	6	24	25	23	23	23	23											
3					24	28															

表 3－8

分数	性别	掷实心球（米）			双杠俯卧撑臂屈伸（手撑高处）		双杠支撑臂屈伸（次）	双杠支撑摆动臂屈伸	
		四	五	六	一	二	三	四	五
60	女	5.29	5.44	5.59	3	4			
	男	7.67	8.05	8.47	5		4	3	4
55	女	5.12	5.27	5.42	2	3			
	男	7.36	7.77	8.19	4		3	2	3
50	女	4.96	5.10	5.24	1	2			
	男	7.04	7.49	7.91	3		2	1	2
45	女	4.79	4.95	5.11		1			
	男	6.74	7.22	7.64	2		1		1
40	女	4.62	4.80	4.98					
	男	6.43	6.95	7.37	1				
35	女	4.45	4.65	4.85					
	男	6.13	6.68	7.07					
30	女	4.28	4.50	4.72					
	男	5.82	6.41	6.80					

双杠上俯卧撑臂屈伸（次）					1分钟仰卧起坐（次）						引体向上 次					单杠仰卧悬垂臂屈伸（次）			立卧撑（次）		
二	三	四	五	六	一	二	三	四	五	六	二	三	四	五	六	一	二	三	四	五	六
	2	3	4	5	22	23	21	21	21	21						3	4	5			
2					20	24					5	6	7	8	9				5	6	7
	1	2	3	4	20	21	19	19	19	19											
1					18	22															
		1	2	3	18	19	17	17	17	17											
					16	20					4	5	6	7	8	2	3	4	4	5	6
			1	2	16	17	15	15	15	15											
					14	18					3	4	5	6	7				3	4	5
				1	14	15	13	13	13	13											
											2	3	4	5	6				2	3	4
					12	13	13	13	13							1	2	3			
											1	2	3	4	5				1	2	3
					10	11	9	9	9	9											
												1	2	3	4					1	2

（四）运动技能和技巧的评分标准

评定运动技能、技巧时，可采用等级制，即"优秀、良好、及格、不及格"等4级。综合评定时，需把相应的等级换算成百分，再进行折算。其具体评分标准见表4。

表 4　体育技能、技巧评分标准

分数	评分标准
90 至 100 分	完成动作质量好。姿势很正确，部位很准确，动作轻松、自然、协调、优美。
75 至 89 分	完成动作质量较好：姿势正确，部位准确，动作较轻松、自然、协调。
60 至 74 分	能完成动作：姿势基本正确，部位较准确，动作不够轻松、自然、协调。
60 分以下	不能完成动作：姿势不准确，部位不准确，动作紧张，不协调。
说　明	各分数段之间，可视程度不同适当评出差异。

（引自：《全日制中学体育教学大纲》，1987 年 2 月）

进行综合评价时，需将各项评价目标的得分，按评分比例进行折算。身体素质和运动能力、体育技能和技巧的总分换算如表 5。

表 5　身体素质和运动能力、体育技能技巧总分换算表

六项总分	相应得分	六项总分	相应得分	六项总分	相应得分
600	70	500	58.0	400	46.0
595	69.4	495	57.4	395	45.4
590	68.8	490	56.8	390	44.8
585	68.2	485	56.2	385	44.2
580	67.6	480	55.6	380	43.6
575	67.0	475	55.0	375	43.0
570	66.4	470	54.4	370	42.4
565	65.8	465	53.8	365	41.8
560	65.2	460	53.2	360	41.2
555	64.6	455	52.6	355	40.6
550	64.0	450	52.0	350	40.0
545	63.4	445	51.4	345	39.4

540	62.8	440	50.8	340	38.8
535	62.2	435	50.2	335	38.2
530	61.6	430	49.6	330	37.6
525	61.0	420	48.4	320	36.4
520	60.4	420	48.4	320	36.4
515	59.8	415	47.8	315	35.8
510	59.2	410	47.2	310	35.2
505	58.6	405	46.6	305	34.6

（引自：《全日制中学体育大纲》1987 年 2 月）

二、学生体育水平的评价方法

学生体育水平的评价方法，应根据评价内容进行选定，以便取得客观的评价资料。在体育水平的评价过程中，往往由于评价目标内容的不同，所选择的方法也不同。体育基础知识这一部分，主要应采取书面测验的形式，但运动技能、技巧则要着重看实际表演怎么样。有的还需要把实际表演同书面测验结合起来进行判断，例如，对篮球规则的掌握情况，虽然可以通过书面测验进行了解，但是否会实际运用就是另一回事了，所以还应看看实际表演。时常有这种情况，一个学生对篮球规则背得很熟练，但实地进行比赛裁判时却不能令人满意。这就需要从理论和实践的结合上去作出正确的判断。

评价体育水平，除了靠书面测验和实地测验以外，还要充分地利用观察法，这对体育技能、技巧的评价具有十分重要的意义。因为这一评价项目着重于实际表演，所以要靠行动观察作出判断。观察法对体育目标的评价，应用的机会多，范围也广，因此应有效地加以利用。但是，由于体育教师所教的班级多，学生数额也大，往往难以把所观察的所有现象都记下来。因此，需要进行有目的的观察，即采取选择观察法。为了提高观察的效果，可以利用检核表。

检核表，一般着眼于行为的"有或无"、"行或不行"。表内所列项目有两种情况，一种是评价者希望做到的，另一种是列举做不到的，可任选一种做表。例如，观察打篮球的某些技术水平，以希望做到的项目做表，能做到者用"√"表示。详见表6。

表6

评价观点 姓名	原地双手头上传球、接球	原地双手头上投篮	行进间双手胸前传球、接球	跳起空中传球、接球	行进间单手高手投篮
张××	√	√	√		
王××	√		√		
李××	√	√			√
刘××	√	√			

对学生的体育课学习表现进行评价，主要靠评价者的观察来取得评价资料，有的人主张，参考班主任的意见进行评定。如果班主任听过体育课，这样做就有利于此项评价，否则，就是没有价值的。一些学生的行为表现，往往随环境的变化而发生变化，这是评价体育课学习表现应引起注意的一个问题。有的学生在其他课上表现积极性很高，但在体育课上的积极性就不一定那么高。相反，有的学生在其他课上积极性不太高，而在体育课上积极性却很高。因此，评价体育课学习表现，不能用在其他课上的表现来取而代之，应重在实地观察。为提高观察的效果，也可用检核表作观察记录。例如，观察学习表现时，可以把没有做到的项目用"√"记录下来。详见表7。

表7

类　别 姓名	上体育课有迟到现象	集合时行动迟缓	在分组活动中有打闹行为	讲动作要领时注意力不太集中	在足球练习中作风不佳
孙××	✓	✓	✓	✓✓	
周××		✓✓✓		✓	
黄××	✓✓	✓	✓✓	✓	✓
陈××		✓			

上述作法比较简便易行，当然也可以采用其他一些记录的方法。例如，文字记录或符号记录等。不管采用哪一种方法做观察记录，都应有计划地进行。可以结合体育课学生的分组确定观察对象，每次3—5人皆可，轮流观察，直至全班学生都观察完为止。如果评价资料不足，还可从头开始继续进行观察。

对学生的行动进行观察，应注意把握其全过程，即某一行为的发生、进展和终了的全过程。如果凭某一片段的表面行为就下结论，那就很可能搞错，甚至会产生难以挽回的影响。因此，在做综合评价时，应有充足的客观资料作依据，尤其在评价体育课学习表现时更应注意这一点。其他一些评价方法，在评分标准那一部分里已涉及到了，所以这里就不必再赘述了。

第六章 中学教学质量的评价

在学校教育中，教学是一切工作的中心，教学质量管理又是学校全面质量管理的关键。因此，教学质量的优劣，就成为评价一所学校办学水平的极为重要的标志。

教师的根本任务是把学生教好，而教学质量的高低又是评价教师工作的重要依据，所以教学质量问题，历来都受到人们的重视。但是，由于教学是一种精神劳动，是一种艺术，没有固定不变的工艺流程，这就构成了教学质量评价的复杂性和困难度。

教学是由多种因素构成的，影响教学质量的因素也是多方面的。因此，需要评价的内容当然也比较多。教学质量的评价，是一个亟待解决的问题，也是一个关键性的问题。在教学改革的过程中，随着教育评价研究的不断深入和发展，教学质量评价的许多问题必将得到妥善的解决。

第一节 中学教学质量评价概述

教学质量的评价，是当前中学教学改革正在解决的一个问题。但是，由于观点不同，角度不同，评价的目标不同，评价结果所产生的影响也不同。因此，在进行教学质量评价的过程中，应对教学质量评价的含义、教学质量评价的作用以及教学质量评价目标的确定依据等问题进行必要的研究，以利于评价活动的开展。

一、教学成果评价与教学过程评价

目前，围绕教学质量的评价的提法比较多，例如，教学质量评价、课堂教学质量评价、教师教学质量评价、教师教学工作评价、教学工作效率评价、学科教学质量评价，等等。尽管有的提法不同或不尽相同，甚至其含义也不同，但却从不同角度提出了许多有价值的评价方案，有力地促进了教学质量评价研究的开展。

教学质量评价应由两部分构成，即教学成果评价和教学过程评价。前者主要是通过学生的学力水平来评价教学质量，后者主要是通过课堂教学水平来评价教学质量。虽然两者的角度不一样，但其着眼点却是一个，即对教师的教学质量进行评价。

教学过程评价，历来都受重视。通常所说的某教师课上得怎么样或教学怎么样，均属于教学过程评价。因为课堂教学是教学过程的中心环节，所以评价课堂教学质量，实际上就是对教学过程的效果进行评价。从教学论的观点看，教学过程，是指学生在教师的指导下获取知识、发展能力和形成思想品德的过程。在这个过程中，教师要根据一定的教育目标，通过制订、贯彻教学计划和进行学习指导，使学生逐步达到预期的教育目标。因此，对教学过程的评价，从全面质量管理的立场来理解，不仅应包括课前、课堂及课后等几个基本环节，而且应包括构成教学过程的其他因素。对教学过程进行评价，一般应诊断教学过程的各种因素及其相关因素对教学成果产生何种影响，有什么效果，有什么问题，以便采取改善的对策。例如，就课堂教学而言，通过诊断性评价，课前发现问题，可以适当调整教学计划；课上根据观察学生反应所获取的反馈信息，及时修改原定的教学方案；课后根据学生的评价意见，有目的地改变下一次课的设计方案；等等。这些评价活动，都属于教学过程的评价范畴。

教学成果评价，主要是通过学生的学习成绩、学习目的、学习态度及人格变化等来评价教师的教学质量。也就是说，教学质量的最终结果是通过学生表现出来的。对教学成果进行评价，一般都要按照教学大纲的要求，经过教材分析，制订出具体的评价目标，以便判断学生达到目标的程度。但是，必须看到，学生学习成绩的优劣是由多种因素构成的，不能简单地把它作为根据去评价教师工作，而要做具体分析。学生的学习虽然是在教师的指导下进行的，但毕竟学习目的、学习态度、学习习惯、原来的学力基础等因素都是教师难以直接控制的，而且对教学成果的形成影响很大。这是评价教学成果的困难方面。但同时也应看到，对于入学水平大致相同和学习环境一样的学生进行评价，只要评价比较客观、真实，还是可以提供有价值的评价信息的。需要注意的问题是，评价教学成果，要把握住方向，应以通过教学把学生培养成什么样的人作为总目标。

教学成果评价与教学过程评价，两者既有区别又有联系。如果说前者是以把学生培养成什么样的人作为目标，那么后者则是研究采取什么样的教学措施，才能使学生达到上述目标。两者的共同目的，就是实现既定的教育目标，把学生培养成新时代所需要的人才。一般来说，良好的教学成果是通过优化的教学过程来取得的，但也不能简单地推论：效果好，过程也好。例如，某县一位英语教师，中师毕业后工作只有 2 年，靠自学教英语的时间则更短，但所教的 3 个班英语在全县期末统考中却名列前茅，满分为 120 分，3 个班的平均成绩分别是102.7 分、101.7 分、95.8 分。他自己在分析这一成果时说："我自己深知，学生高分完全'归功'于我的蛮干。"这位教师一开学就向学生宣布：考试成绩凡在 90 分以下的一律补课（实际上是罚抄单词和句子），直到下次考试成绩达到 90 分以上。每教完一课进行一次小测验，再加上单元考、阶段考等，全学期考试达 20 次以上。家庭作业每天抄二三百个单词和句子，课堂作业天天有适当补充，全学期用完 5 个练习本。这个例子说明，对教学质量进行评价，不仅要重视成果评价，而且要重视过程评价。

二、教学质量评价的地位与作用

教学质量是学校各项工作的综合反映。对教学质量实行科学的评价，就是抓住了学校全面质量管理的关键。通过教学质量的评价，可以促进教学改革，加强教师队伍管理的科学化，推动教学质量的不断提高。因此，教学质量的评价，在学校教育评价中就居于极为重要的地位。

教学质量的评价具有下列作用：

（一）有利于教师的教学改革

在教学改革的过程中，教学质量怎么样，这是人们所关心的一个问题。为此，需要经过评价来加以判断，而评价又能促进教学改革的进行，推动教学质量的不断提高。

教师的教学质量好坏，最终是通过学生表现出来的，即体现在学生身上。教学实践活动的过程，就是一个提高教学质量的过程。不管授课时数的多少，只要授课活动一经结束，其效果就客观地存在着。因此，广大教师经常进行自我评价，根据学生接受知识的情况来评价自己的课上得怎么样，而学生也往往结合自己的切身感受去评价教师的讲课效果。这种评价活动，虽属于自发的，但对教师的教学改革却具有一定的促进作用。

有组织、有计划地开展的教学质量评价，是按照一定的评价目标和评价标准进行的。这样的评价，对促进教学改革、提高教学质量具有十分重要的意义。通过教学质量的评价，教师可以从不同渠道获取教学的反馈信息，作为改革教学的客观依据。特别是学生所取得的学习成果，一般都能比较客观地反映教师的教学质量，而学生在学习上的共性错误往往又是教师教学的薄弱环节。因此，在教学改革的过程中，教师借助于教学质量评价，既可以肯定成绩、总结经验，又可以发现问题、找出差距，有针对性地采取改革教学的措施，从而达到提高教学质量之目的。

教学质量评价的目的，不仅要对质量状况作出价值判断，而且要对教学改革提出设想，使教学改革沿着正确的方向发展。改革旧的教育思想、教学内容和教学方法是教学改革的重要任务，教学质量的评价必须与实现这一任务相适应，并通过评价促进教学改革的深入发展。例如，有的学校结合教学改革试验开展教学质量评价工作，既促进了教学改革，又活跃了学术空气。

（二）有利于师资队伍管理的科学化

对教学质量进行评价，不仅能促进教师的教学改革，而且能为领导提供决策信息，提高师资队伍管理的科学化水平。对一个学校管理者来说，通过教学质量评价，获取有价值的信息，这是实施教学工作决策的前提条件。如果没有或缺少必要的教学质量的信息，那就难以对师资队伍的管理与建设作出科学的决策。即使勉强进行决策，也会带有主观性或盲目性。因此，作为一个有效的学校管理者，应在教学质量评价活动中去捕捉各种信息，经过分析，去伪存真，找出教学质量上存在问题的症结，并采取可行的提高教学质量的对策。

教学质量的好坏是教师业务水平的一个重要标志，也是加强师资队伍管理与建设的重要课题。一般来说，学校领导对教师的教学质量都有个基本的评价。不过这种评价大体有两种情况，一种是建立在客观现实的基础上，另一种是凭主观印象。后一种情况，目前仍不在少数，如能建立和健全教学质量的评价制度，必将有助于克服这一弊端，促进师资队伍管理的科学化。例如，根据教学质量评价所提供的客观资料，可以对教师队伍建设做出规划，对不合格者给予培训或调离现职。这样的决策，必须建立在科学的、客观的评价基础上，否则，就会造成真假不分，贻误教学工作。

加强教学质量评价工作，有助于实施教师工作岗位责任制。由于评价比较客观，所以可根据其结果恰当地使用奖惩的办法。也就是说，该奖的，可以理直气壮地奖；该惩的，也可以有根有据地惩。要真正做到奖惩分明，就必须做好评价工作。评价一个同志，当然要看全部历史，要看全面情况，不能只看一时一事。但在学校管理中通过评价来实行奖惩，则应看一时一事，即"论功行赏，论过行罚"。不能因为过去有功，现在有错而不罚；也不能因为过去有错，现在有功而不赏。只有这样做，才能使奖惩制度变成激励的手段。但它必须依靠客观的评价，若离开评价，也就失去了可靠的基础。

（三）有利于教学行为的有效调节

教学是一个动态多变的系统，其要素包括教师、学生、教学内容和教学手段。这些要素相互作用的过程，就是教学系统运行的过程。然而，要想保证教学过程的正常运转，就要通过评价活动去获取可靠的反馈信息，以便对教与学的行为进行有效的调节。

反馈调控是教学质量评价的一个重要功能。反馈，一般是指由控制系统把信息输送出去，再把其作用结果返回来，并对信息的再输出发生影响，起到控制的作用，以达到预期目的。人是教学管理中的核心，而信息反馈对人体运动则是不可缺少的。"在人体运动中，大脑通过信息输出，指挥人的各种活动，同时，大脑又接受来自人体各部分与外界接触所发回的反馈信息，不断调节并发出新的指令。"（夏禹龙著：《领导科学基础》第55页，广西人民出版社1983年8月版）。这种调节作用，对教与学的双方都是必须的。

在教学活动中，要有效地实施行为调节，就要充分地发挥评价的作用。例如，对教师来说，可以利用教学质量评价所取得的反馈信息，来调整教授活动和完善教授目标；对学生来说，可以从评价的反馈信息中受到激励，产生更大的学习积极性，主动地调整自己的学习活动，以便出色地完成学习目标。由此可见，教学质量评价对教与学的双方的行为调节都有作用，并能调动教师与学生两个积极性。评价在教学活动中的这种作用，可用下图来展示。

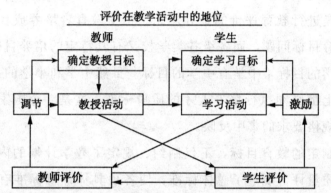

由图可以看出，教师评价和学生评价的双向关系。教师进行自我评价，同时也接受来自学生评价的反馈信息；学生接受来自教师评价的反馈信息，同时也可进行自我评价。要发挥评价在教学中的作用，就要重视和利用这种反馈信息。

三、教学质量评价的客观依据

由于各个学科的特点不同，所以教学质量评价的具体目标也不会完全一样。但制定教学质量的评价标准，必须有客观依据，有所遵循，以便提高教学质量评价的科学化程度。

从各个学科看，制定教学质量评价目标的依据是：

（一）要以教育方针为指导

学校的各项工作，包括教学质量的评价在内，都必须置于党的教育方针的指导之下。这是一个总的原则，是评价的指导思想。强调这一点，就是为了更好地坚持社会主义教育的方向，把培养新时代所需要的人才作为总体目标。作为教学质量的评价主体，不论是学校领导者还是教师自己，都必须坚持以党的教育方针为指导的原则。

中央的同志指出："各级各类学校都要认真贯彻执行德育、智育、体育、美育全面发展的方针，并根据各自的特点适当加强劳动教育，坚持把提高教学质量、培养合格人才放在首位。"这是学校教育工作的方向，也是进行教育评价的指导思想。把受教育者培养成什么人，是总体的教育目标问题，而各级各类学校又有其特定的培养目标。例如，小学有小学的目标，中学有中学的目标。虽然中学和小学的目标不同，但从整体上都必须执行培养人才的质量标准。这是一个国家、一个社会对人才规格要求的集中反映。

国家制定的教育目标，不仅制约、规定了教学计划的内容，而且还为教学质量评价规定了总体标准，使各项具体评价标准有了政策依据。可见，国家规定的总体目标，既是评价办学水平的根本依据，也是衡量教学成果的指导思想。因此，各科教学质量的评价，都必须以党的教育方针为指导，坚持教学质量评价的方向。

（二）要以教学大纲为依据

教学大纲，根据国家教学计划，以纲要的形式规定各科教育的教学目的、任务、要求和内容。这是国家对各科教学的统一要求，是教学的指导性文件。因此，教学大纲不仅是编写教材和进行教学的直接依据，而且是评价教学质量的基本依据。

教学大纲的水准体现在教材上，换言之，教材是大纲的具体化。教师的任务就是要按照教学大纲的要求，使学生掌握教材的内容，达到大纲所规定的水准。教师根据教材内容所确定的教学目标，又为教学质量的评价创造了有利条件。因此，使评价目标与教学目标相统，则成了实施教学质量评价的一条重要原则。

教学大纲是实现学科教育目的的重要保证。只有准确地把握大纲规定的内容和要求，并加以认真执行，才能使教学达到国家所要求的规格。可见，教学大纲既是教师教学的依据，又是评价教学的依据。如果教学质量的评价忽略了大纲的要求，提出与此不相符的一些评价目标，就会使评价偏离正确的轨道，无法取得预期效果。这是制定教学质量评价目标时应特别重视的一个问题。

（三）要以学生实际为出发点

学生的身心发展，因年龄不同而表现出不同的特点。在制定教学质量的评价目标和选择评价方法时，必须考虑到这个实际。也就是说，评价必须从各个年级的实际出发，充分地体现年级的特点。如果忽视这一特点，也会影响教学质量的评价效果。

哈尔拉莫夫认为："学生的年龄条件对学校的教育内容也有影响。不管社会怎样关心成长中的一代，要他们加强学习和提高他们的教养水平，还是不得不考虑到学生能够掌握的知识是有一定限度的，只能在他们可以接受的限度内向他们传授知识。"（《教育学教程》第115页，教育科学出版社1983年版）。这就清楚地阐明了学生的年龄条件同教学内容的关系。因此，在进行教学质量评价时，必须考虑到年龄因素，按年段制定评价目标。

制定评价目标，必须从学生的实际出发。如果要求过高，就会超过学生的接受能力，结果使他们力所难及或力所不能及；如果要求过低，那就低估了学生的接受能力，结果会导致教学水准下降。只有评价目标的水准定得适中，符合学生的实际，才能比较真实地对教学质量作出客观的评价。

第二节　中学教学过程的评价

重视教学过程评价，是现代教育评价的一个突出特点。但从目前的现状看，教学过程评价和教学成果评价相比，有的人重视成果评价，而对过程评价注意不够。其实，做任何事情，都有个过程，教学也是如此。如果没有教学过程，教学成果也就无从谈起。因此，在开展教学成果评价的同时，还应把教学过程评价重视起来，力求成果评价与过程评价相结合，从而促进教学质量的提高。

一、教学过程的评价内容及评价目标

对教学过程的评价有两种解释，即有狭义和广义之分。从狭义上看，教学过程评价是指对某一节课的授课全过程的评价；从广义上看，教学过程评价是指对数节课的授课全过程的评价。由于对教学过程的评价范围的理解不一样，所以其评价目标也不尽相同。但是，教学过程的中心环节是课堂教学，因此应围绕课堂教学来进行教学过程的评价。

对教学过程评价的研究，一般是在两种理论的指导下进行的，一种是教育心理学的理论，另一种是教育工艺学的理论。从教育心理学的观点出发，评价的重点偏重于对学生的学力、智能、性格、发育及环境条件的现状诊断。例如，利用形成性评价的方法，对教学过程进行评价，以求提高学生的学力水平和思想品德水平。从教育工艺学的观点出发，评价的重点偏重于教学过程的诸种因素的最佳组合及良好教学效果的取得。这里不仅包括对一般教学过程的分析，而且包括教师教学方法的改革。上述两种理论，对教学过程评价都具有指导意义，因此应把两者结合起来，加以综合应用，以期取得较为理想的评价

结果。

从课堂教学是教学过程的中心环节这一观点出发，对教学过程的评价应重点抓住课堂教学进行，其评价内容和评价目标如下：

（一）教学内容

教学内容的评价因素比较多，不宜面面俱到，可根据本校的实际情况有所侧重。例如：

1. 教学目标的明确度；

2. 讲授内容的科学性；

3. 重点与难点的处理；

4. 课堂练习的难易程度。

（二）教学艺术

对教学艺术水平的评价，具体要求应放在教学方法上，同时还应包括一些其他的因素。例如：

1. 善于启发思考；

2. 照顾个性差异；

3. 学习方法的指导；

4. 教学语言与板书布局。

（三）课堂结构

课堂结构的设计是否合理、是否科学，与课堂教学效率高低有直接关系。其评价因素可考虑以下几点：

1. 教学环节的设计；

2. 新课与复习的安排；

3. 讲授与练习的比例；

4. 课堂教学效率。

（四）课堂管理

科任教师是课堂教学的主角，对课堂管理好坏负有直接责任。应把课堂管理列为教书育人的一个重要方面。评价要素可有所选择，例如：

1. 按时上下课；

2. 严格要求学生；

3. 课堂纪律状况；

4. 正确评价学生。

（五）教学效果

课堂教学效果是教学过程有效运行的主要标志，也是整体教学质量的重要组成部分。需要评价的因素比较多，可酌情加以选择。例如：

1. 课时计划的完成情况；

2. 学生当堂对知识、技能的掌握程度；

3. 学生作业或练习的质量；

4. 学生负担是否合理。

二、教学过程的评价方法

（一）教学过程的日常评价

教学过程的评价是围绕课堂教学而展开的，虽然可以经常进行，但为了提高评价的效果，应做到有组织、有计划地实施。一般可在一个学期或一个学年之内评价一次，间隔时间不宜过短，以免加重任课教师本人和同行的负担。

对教学过程进行日常性评价，可采取等级量表法。例如，对"教学内容、教学艺术、课堂结构、课堂管理及教学效果"各项目标的评价，可分为三个等级，即"A、B、C"。为了便于进行定量分析，可考虑记等级分，每项 20 分，三个等级的分值分别为"20 分、16 分、12 分"。这样做，虽然粗一点，但比较好掌握，也是可行的。如果对教师的教学工作采取过细的记分办法，这是比较困难的，而且也不符合精神劳动的特点。

　　进行日常性评价，可采取自我评价、同行评价和领导评价相结合的方法。自我评价，对教师来说尤为重要，而且也是可以办得到的。按照一定的目标和标准，教师对自己的教学工作进行分析和总结，有助于增强工作的责任感，有助于今后工作的改善。在此基础上，再进行同行评价，即组织教研组的科任教师等参加评价，这种形式虽然比较麻烦，但同自我评价相比，其客观性还是比较强的。领导评价，可以单独进行，也可以参加科任教师评价小组一起进行，但要起到一个把关的作用，敢说公道话，力求防止不良倾向的干扰。

　　（二）教学过程的评价形态

　　对教学过程的评价，除了应该明确评价主体以外，还应选择评价形态。教学过程的日常评价，可采取三种形态，即诊断性评价、形成性评价和总结性评价。

　　1．诊断性评价的利用。

　　诊断性评价，有的称前提条件测验，一般是在授课前进行，针对学生的学力基础进行诊断，把握课前的学力程度，以便判断他们完成教学目标的情况。

　　在教学过程评价中，使用诊断性评价时，要根据已制定的具体目标进行。这样做的目的有二：一是了解学生中是否有人在课前已接近或达到既定的目标及其程度；二是了解学生在学力基础方面的缺欠，并做具体分析，采取必要的指导措施。例如，经过诊断性评价后，可根据学生的学力基础，确定教学的起点目标，做到从实际出发安排教学计划。这样既利于学生的个性发展，又利于判断学生达到目标的程度。如果不了解学生课前的学力实态，就很难判断学生完成学习目标的程度。

　　在学校里经常可以获取这样的评价信息：某某班学生学习好。这个好，其实是学生学习成绩累进的结果，并不表示阶段目标的完成程度，其原因是没有经过诊断性评价，没有弄清学生的起点，当然也就难以做出准确的判断。但是，还有另外一种情况，即已进行过诊断性测验了，可是难度有意加大，其原因：一是想给学生点"压力"；二是想衬托教学质量提高的幅度大。上述两种现象目前都程度不同地存在着，如不及时纠正，势必影响教学过程评价的客观性。

对学生学力基础或学习实态进行诊断，其方法可以灵活掌握，不一定都采取现场测验的办法，有的可利用已有的资料作依据，如升学考试、升级考试、期中或期末考试的成绩，均可利用；有的还可利用单元测验或练习成绩作依据。如果任课教师对学生的学习状况很了解，那也可以不进行诊断性测验。

2. 形成性评价的利用。

在教学过程评价中，使用形成性评价的目的是要及时地把握学生的变化动态，并准确地做出判断，给予必要的指导，使评价与指导结合起来，充分发挥评价的作用。要加强指导，就要依靠正确的评价资料，否则，指导便没有针对性。很多教师都利用观察手段来获取评价资料，并加强对学生的学习指导。例如，在数学课上教师可以观察到，有的学生做题又快又好；有的学生虽然会做，但速度比较慢；也有的学生见到题，无从答起。造成这种情况的原因固然是多方面的，但作为教师需要考虑的问题，首先应是练习题的难度是否适中。如果练习题的难度适中，那么就能作出比较客观的评价，指导也能做到心中有数。

教师在实施教学计划的过程中，必然会引起主观和客观情况的种种变化。这些不断变化的信息是进行评价的"物质资料"，如果没有它，评价就无法进行。因此，在教学过程中要尽量获取教学的有关信息，以便更好地发挥形成性评价的作用。一般来说，随机性的反馈信息比较多，如能及时捕捉，并加以分析和利用，那就有助于教学计划的顺利实施。

发挥形成性评价的作用，还要重视学生所得到的成果信息。这里所说的成果信息，是指学生从教师那里得到的"承认"和"激励"的信息。这种信息对学生是一种肯定和鼓励，有助于增强他们的学习信心，调动他们的学习积极性。心理学方面的许多实验都表明：学生了解自己的学习成果比不了解自己的学习成果的积极性要高得多。因此，在教学过程中，要善于利用形成性评价，把学习成果信息及时反馈给学生。

3. 总结性评价的利用。

总结性评价与形成性评价不同。形成性评价可以帮助教师及时把握和改善教学过程的实态，而总结性评价则能根据既定的教学目标，确认学生达到目标的程度。为了达到这一目的，需要进行必要的综合性测验，以便判断学生是否达到目标。从这一目的出发，往往采取绝对评价的观点，利用测验的结果衡量每个学生达到教学目标的程度。但是，从目前的评价现状看，多着眼于学生的个人得分，进行相对比较，给学生排名次，忽视目标到达度。

为了克服重得分轻到达度的倾向，应制定目标到达度的评价标准。这样，可以根据总结性评价的要求，以到达目标为基准进行评价。这对总结性测验提出了较高的要求，其试题的覆盖面要适当加宽，并需具有一定的代表性。但必须从各个学科的特点出发，编制出科学性较强的测验。

使用总结性评价，要及时把评价信息反馈给学生，使他们能从知识、技能、能力及学习态度等方面进行自我评价，从而判断自己达到目标的程度。这样既能培养学生的自我评价能力，又能使自我评价得以深化。正像有的学者指出的那样：在心理方面自我评价的深化，能使学生体会到按照目标行动的满足感，能使他们正确地认识自己的缺点，并能针对产生缺点的原因进行剖析。因此，在总结性评价中，如果能有目的地引导学生这样做，就能使他们主动地调整自己的学习行为。

第三节　中学教学成果的评价

教学成果体现在教育对象上，评价教学成果直接涉及到学生的学力水平问题。因此，评价教学成果，实际上就是测定和诊断学生是否完成教学目标及其完成的程度。这就要求，进行教学成果的评价，必须对教材内容结构进行分析，把教学目标具体化，使评价目标与教学目标相一致，以便判断目标的到达度。

教学成果是通过学生的学力水平来表现的。学力评价目标不仅包括知识、技能和能力，而且包括学习态度、学习兴趣等方面的内容。这在第七章已作了分析，本章不再专门讨论。但是，考虑到教学成果评价研究的需要，拟在本节对布鲁姆关于认知领域的教育目标分类学说进行粗略的介绍，以利于教学目标的分析。

一、布鲁姆关于认知领域的教育目标

美国布鲁姆关于认知领域的教育目标分类学说，在学术界赢得了很高的声誉，不仅在美国影响大，而且在其他国家也产生了很大影响。布鲁姆这一分类学说，反映了学生的学习成果由简单到复杂、由低级到高级的层次结构，各项目标之间呈现一种递进的关系，因而对教学成果的评价有很大的帮助。

布鲁姆把认知领域的学习水平依次分成六项：知识→理解→应用→分析→综合→评价。每一个低次目标都是其高次目标的前提条件，

而每一个高次目标又都是其低次目标的提高与发展。他认为，知识是获得能力的基础，所以就把这一目标作为最低水平的教育目标，而把其他几项目标放到了较高层次，作为能力目标提出。现概要分述如下：

（一）知识

知识目标，是指在某一科目的范围内对特定要素的回忆或识别。例如，回忆或认识具体事实、规则或概念等。就术语的知识而言，可指对某一单元教学所必需的言语、记号和图形等。这个目标所要求的是记忆的课题，它着重强调记忆的心理过程。

（二）理解

理解，有的译作领会。这一目标，是指理解事实和概念的能力。它强调的是组合和改组材料，以达到某一特殊目的的心理过程。这里包括对形式的转换、对知识的解释和扩展等。例如，能解释图表数据，对某一单元中所出现的基本事实能够理解，并能把握其中的要素等。

（三）应用

应用是指利用事实和概念解决新问题的能力。这一目标是学生掌握某一科目的标志，它能代表学生的一种学习成果。例如，对所学的概念、法则和原理等能理解和应用，并能掌握使所学习的内容系统化的方法。

（四）分析

分析是指辨别整体中的各个局部及认识其相互联系的能力。这一目标，包括对事物的要素分析、关系分析和组织原理的分析。通过这些分析，使学生掌握应学习的程序和操作的技能。分析能力，是在利用知识及理解、应用等能力的基础上形成的，是一种复合能力。

（五）综合

综合是指把有关局部组合成一个新的整体的能力。有的称之为变换能力，即用所学的术语、事实、法则和原理，通过新的形式加以表现与说明的能力。例如，能进行独特的信息交流、制订计划或推导出一套抽象的关系。

（六）评价

这一目标要求学生对用于既定目的的有关材料和方法的价值做出判断，它包括按内部证据判断和按外部准则判断。可见评价是指判断、比较不同方法和结果的能力，也可以说是一种应用能力，即把所学的法则、原理等应用于新环境之中并对此做出解释的能力。

布鲁姆的目标结构体系，对教学目标的分析和评价目标的制定均有很大帮助。因此，在我国也受到广大教育工作者的重视。

二、教学目标的具体化

对教学目标进行分析，并使其具体化，这是教学质量评价的重要任务。教学目标具体化了，师生的行动目标才能更加明确。这不仅有利于教学，也有利于评价。

通常所说的学科教育目标，应该包括教学目标和学习目标，即包括教学内容的要素和学习行动的要素。但是，由于中学各科教学大纲对教育目标只是做了原则的阐述，不利于具体的评价工作，因此进行教学成果评价，必须将教学目标变成具体目标，使抽象的目标具体化，以便判断学生完成目标的程度。

要使教学目标具体化，就要对教材进行认真分析，特别要分析教材的知识结构。布鲁姆关于认知领域的教育目标分类学说，对教学目标分析具有指导意义。进行教学目标分析，可以利用双向细目表。示例见附表。

确定双向细目表中各项比例的依据，一般认为有下列三点：①各个知识单元在整个学习领域里的重要程度；②分配给各个知识单元的教学时数的比重；③哪些知识单元对以后的学习具有较大的保留和迁移价值。

上海市的王强春等同志根据初中物理教学的特点，参考布鲁姆的分类法，制定了初中物理教学目标，并编制了相应的诊断性试题。他们认为，初中学生应着眼于达到三类学习水平，不宜过早提出"分析、综合"的过多能力要求，"可以用识记、理解、应用三个主要层次和分析、综合两个次要层次的教学目标达到情况来检查初中学生学习物理的能力水平。"

表8　小学自然常识双向细目表

行为目标 教材内容	知识	理解	应用	分析	综合	评价	合计
生物世界	3	5	6	3	2	1	20
资源利用	2	3	3	1	1	0	10
动力和机械	2	3	4	2	0	1	12
物质、物性和能量	5	6	8	3	2	1	25
气象	2	4	3	2	2	0	13
宇宙	2	5	4	1	0	0	12
地球	2	2	2	1	1	0	8
合计	18	28	30	13	8	3	100

上海市的王强春等同志根据初中物理教学的特点，参考布鲁姆的分类法，制定了初中物理教学目标，并编制了相应的诊断性试题。他们认为，初中学生应着眼于达到三类学习水平，不宜过早提出"分析、综合"的过多能力要求，"可以用识记、理解、应用三个主要层次和分析、综合两个次要层次的教学目标达到情况来检查初中学生学习物理的能力水平。"

现将他们关于"光的反射、平面镜成像、球面镜"这一部分的教学目标（《上海教育》，1986年7—8期第58页）介绍如下：

识记：①能识别光的反射现象；②能在图中识别法线、入射角、反射角；③叙述反射定律的内容；④回答虚像的特点；⑤叙述平面镜成像的特点；⑥能在平面镜上画反射光线或入射光线；⑦能识别什么是凹镜，什么是凸镜；⑧记住课本中列举的应用球面镜的例子；⑨记住凹镜对平行光线有会聚作用和焦点的概念，凸镜对平行光线有发散作用。

理解：①解释课本图 1—4（乙）中，只看到了入射光，看不到反射光的原因；②能在具体例子中判别镜面反射和漫反射；③根据平面镜镜面前入射光线的位置画出法线和反射光线；或根据入射光线，反射光线位置，画出法线和平面镜镜面；④结合课本图 1—8 的实验，说明平面镜成像的特点；⑤能根据平面镜成像特点，画出物体在平面镜中的虚像位置；⑥能解释一些课本中简单的光反射现象；⑦列举生活中运用平面镜和球面镜的例子。

应用：①根据入射光线（反射光线）和镜面的夹角，计算入射光线和反射光线的夹角。能根据题意画出草图。②能应用反射定律解决简单的实际问题。③阅读课本第 3、4 自然段，知道这种研究问题的方法，把物体简化为一个点，考察点怎样变化。推论到其他各点，说明整个物体怎样变化。

分析：根据平面镜成像的特点，回答出物跟像、物跟镜面、像跟镜面三者之间的距离关系。

综合：能应用镜面反射、漫反射知识，回答练习二（3）之类问题。

从上例可以看出，他们在运用布鲁姆原理的过程中，对其目标结构作了局部的改动，以使教学目标的设计符合学科教学特点和学生实际情况。这样按照学生学习水平制定教学目标，有利于判断学生对目标的到达度，便于实施教学成果的评价。

教学目标的设计与教学成果的评价两者之间的关系极为密切。有了具体的教学目标，就可以确认学生学到了什么及其达到的程度。实际上，在教学目标设计中所确定的行动目标，在评价教学成果时必然得到客观的判断。这说明，具体化了的教学目标是教学成果评价的依据，如果离开了目标具体化，评价也就难以实施了。因此，进行目标分析，应尽量使抽象目标具体化，以利教学成果评价的实施。

三、教学成果评价的基本观点

影响教学成果的因素是多方面的，有直接的因素，也有间接的因素。但是，评价教学成果，应抓住影响其性质的主要因素。这些因素应包括知识目标因素、技能目标因素、能力目标因素和情意目标因素。把这四项目标作为教学成果的评价要素，这是由教学的任务决定的。正像克鲁普斯卡娅谈到的那样："教养是使学生掌握知识、技能和技巧，使他们形成世界观、思想政治观点和道德观念，并发展他们的创造性素质和各种才能。所有这些过程和结果就是教养。学生通过教养而形成一定的面貌（形状）和个人特征。"（《克鲁普斯卡娅教育文集》第 11 卷第 422 页）。这说明，教学不仅要使学生学会知识，而且要引导他们把知识转化为能力和信念，形成良好的行为习惯。

为了更好地实施教学成果的评价，评价主体应把握以下几个基本观点：

（一）要立足于培养新时代所需要的人才

教学成果评价的最终目的，是扎扎实实地提高培养人才的质量，使教育更好地为社会主义物质文明和精神文明建设服务。教学成果的评价，同其他评价一样，必须坚持一定的标准，否则，评价就变成毫无意义的东西了。

应该看到，由于在教学成果的评价中要判断学生达到目标的程度，有的人就可能只用容易衡量的目标进行教学，只教与评价目标相关的内容，其他东西则一概不管。这样做的结果，势必把所有的学生都放到了一个最低的控制线上去，这显然不符合快出人才、出好人才的要求，同时也违背了学习效果的个性差异性原则。心理学的研究表明，人的素质、记忆速度、感知事物的方式及思维的主要特征等都是因人而异的，因此学生的学习能力和学习成果也必然存在着某种差异。如果忽略了这种差异性，不仅不能促进学生的发展，相反，还可能妨碍学生的发展。

（二）要正确对待教师的劳动成果

学生的学习成果，一般来说能反映出教师的劳动成果，但要注意做具体分析，不能简单地用学业成绩去评价教师的教学工作。这是因为学生的质量是由多种因素综合作用的结果，这里有教师的辛勤劳动，也有学生的主观努力；有教师的个人劳动，也有教师的集体协作。当然，还有其他一些相关因素的作用。

指导和帮助学习成绩差的学生，这是教师义不容辞的责任。但是，学业水平一时上不去，也不能完全责怪教师。这同医生治病的道理是一样的，从治病过程看，治疗效果是受多种因素影响的，如病的性质、病情发展情况、身体素质、年龄、机能、病人的生活方式及与医生配合的程度等。这些影响治疗效果的因素，很多都是医生无法控制的，如果完全以此来评价医生的工作，那就不客观了。评价教师的劳动成果也是如此，如果忽略了教师无法控制的因素，也是难以作出客观的评价结论的。

（三）要确定教学成果的评价时限

由于培养人才的周期比较长，所以给教学成果的评价带来一定的困难。就读书的时间而言，一个学生从小学到大学要经过十六七年的时间，这个过程无疑是学生成长与发展的过程，也是教学成果累进的过程。从这个意义上看，要评价哪一阶段的教学成果，都有一定的困难，但又不能因此而不去评价，也可以说难以评价并不等于不能评价。但这里需要解决一个教学成果评价的时限问题。

确定教学成果的评价时限，要依据一定的评价目的。每一级学校都有自己的特定教学目的和目标，而且各个年段又有其具体的目标。因此，要判断学生完成教学目标的情况，必须确定评价的时限。如果要判断高中阶段最终达到目标的程度，就应以高三毕业时间为限，并要在弄清高一入学质量的基础上进行评价，否则，就难以评价这一阶段的教学成果。如果不确定评价时限，就急于去评价，其结果必然是一本糊涂账，根本无法弄清某一阶段的教学成果。因此，不论评价哪一级学校或年段的教学成果，都应力争解决好这一问题。但不能因为教育的周期长，需要搞些跟踪调查，而不确定评价的时限。如果因此而等待层层跟踪，评价也就无法进行了。确定评价的时限，就是要解决各段的教学质量问题，明确各自的任务和责任。否则，只能是层层推卸，成了一笔算不清的"糊涂账"。

（四）要判断学生达到目标的程度

确定了评价目标，明确了评价时限，还要判断学生达到目标的程度。这个程度可用描述语言来区别，如达到或未达到或达到、稍差、未达到等。

日本在小学推行的到达度评价可供借鉴。从京都一所小学六年级1975 年度第一学期的成绩报告单（见附表）可以看出，到达目标是教师根据所教年级学生的实际情况，对教学大纲和教科书的教育目标进行分析后确定的。根据表中所列到达目标项目，教师就能明确把握一个学期本学科最低限度应教会学生哪些东西，并能在日常教学中利用形成性评价判断学生达到目标的实态。在学期末，可以利用总结性评价判断学生是否已达到既定目标，并把评价结果通过成绩报告单的形式反馈给学生，从而取得他们的支持和帮助。报告单的具体内容详见附表。

表　京都府舞鹤市立小学成绩报告单

六年级＿＿＿＿＿＿班　　姓名＿＿＿＿＿＿　　　　1975 年第 1 学期

学科	内容	教学目的	到达目标	成绩		
				达到	稍欠	须努力
语文	听说读写	有目的地一边思考一边听或说。阅读故事、诗、说明文等，理解作者意图写出提纲，以使主题要旨明确，字体和谐，合乎目的。	能听懂讲话人的意思；能清楚地表达自己的思想			
			能在会上发言；能归纳大家交谈的结果			
			能抽出要点；能概括全文			
			能通过阅读了解情景，理解心情			
			能一边考虑文章的结构，一边准确表达自己的思想感情			
			能正确掌握笔顺、字形和字的比例			
社会	政治的功能与组织	让学生思考政治的基本结构	懂得遵循宪法精神实行政治的道理			
			懂得政治的功能密切关系到日常生活的道理			
			能根据古迹、古物，理解古代人的生活			
	日本历史	学习古代史，理解当时的特征	能理解稻米的种植大大改变了人类社会的道理			
			了解吸收大陆文化，建设起日本来的人们的努力以及进行这种努力的人们的生活			
			了解贵族社会的产生、日本文化的产生			

算数	数与计算 量与测定	从数的性质来理解整数、小数、分数，理解分数乘除法的意义并计算	能理解整数、小数、分数具有大小、相等及顺序性			
			能理解分数乘除法的意义，会做计算			
		求立体体积和表面积	能理解加减乘除的规则			
			会求基本的立体的体积和表面积			
	图形	理解平面图形和立体图形	理解基本的立体图形的性质，会使用展开图和立面图来表现立体图形			
理科	生活与环境 地球与宇宙 物质与能	抓住植物的种植与功能的关系，理解植物相互间的连带关系	了解植物的种植离不开生长和群体的道理			
			了解植物之间是相互影响的，了解植物与人类生活的关系			
			了解太阳能加热地表，地温加热空气的关系			
		理解气温、地温同太阳能的关系	能理解地温与日光照射地面的角度及日照时间有关的道理			
		理解凸透镜、凹面镜的性质和功能	能理解通过凸透镜的光以及照射在凹面镜上的光的前进方式			
			了解由于光源位置不同，所以通过凸透镜的或由凹面镜反射的光的前进方式就不同的道理			

			能理解节奏与旋律			
音乐	基础鉴赏 歌唱 器乐	发展乐感，加深对乐谱的理解	能理解音符和休止符的种类以及各种记号			
		发展喜爱乐曲、欣赏音乐之美的态度和能力	欣赏演奏、唱片的同学的歌唱，了解其中的美妙			
			把音乐带进学校生活和日常生活，自得其乐			
		在体会创造性歌唱的欢乐的同时，发展唱歌的技能	能正确把握节奏和音程，能和着旋律欢快地、感情丰富地唱歌			
			能准确地唱出教给的音阶曲			
		培养创造性地优美地演奏的技能	能理解乐器的特点，能用优美的音色奏出教过的节奏			
			知道乐曲的结构，能注意同其他乐器取得协调，创造性地进行合奏			
图画手工	绘画 雕塑 设计	自由地表现所感、所思与所见	能有计划地构思，愉快地表达，诚实地描绘			
			讲求色彩的丰富，利用明暗对比，表现立体的质感和量感			
		能在构思的基础上讲求动感	能考虑到工具、材料的性质和效果进行作业			
		理解实用与美的关系，提高造型技能	能根据创作意图，讲究动感和量感，创造性地制作能画出符合内容和目的的文字与图案			
			能发挥色彩的性质与效果，和谐地表现事物			
家政			略			
体育			略			

第四节 中学教学质量的评价与考试

考试是评价的手段。考试质量高低对教学质量评价影响很大。为了在教学质量评价中能恰当地利用考试这一评价手段，作为评价主体应明确考试的类型及其质量的评价标准。

作为考试的设计人员，尤其需要了解考试的类型、把握命题的质量要求，因为这是提高考试设计科学化程度的基础理论知识。只有在正确的考试理论的指导下，才能提高考试质量，更好地发挥考试的功能。

一、考试的类型

考试的应用范围很广，种类也比较多。一般来说，考试主要有以下几种分类方法。

（一）按考试的功能划分

1. 成绩考试。它是考查学生在一段时间内的学业成果。这是一种检查已经进行过的教学情况的考试。此种考试要求紧扣教学大纲，学生的分数要能反映出他们掌握教学大纲规定的内容的情况。诸如学校以调动学生学习积极性为主要目的的考试，教育行政部门以检查学校教学质量为目的的考试等，均属于此种类型的考试。

2. 水平考试。这种考试是考查应试者的某些知识和技能达到了何种程度，以便衡量他们的水平是否足以达到某些特定的要求。这是一种检查过去而又面向未来的考试。水平考试与成绩考试不同，它对应试者已学习过什么东西并不了解，它的目标是建立能够适用于各种应试者的共同标准。如美国的 TOEFL 考试、我国的 CET 考试，均属于水平考试。

3. 学能考试。它是预测应试者能力发展倾向的考试。其目的是了解他们的潜在能力，考查他们对不同专业学习和学术活动的适应情况。可见，此种考试面向未来，通过考查现状反映未来的发展趋势。我国的高考，既要检查考生是否具有接受高等教育的学力水准，又要选拔具有发展潜力、能适应某类专业学习的优秀者，所以应看作是成绩考试与学能考试的结合，不应看作是水平考试与学能考试的结合。

4. 诊断考试。它是检查考生掌握知识或具有能力的情况的考试。其目的主要是诊断他们在学习进展过程中的问题及其原因，并采取相应的对策。这如同医生看病一样，需要对患者确诊并对症下药。这种考试常用于对教学情况的诊断，以便及时发现教学中的问题，采取补救措施，从而保证教学质量的不断提高。从这个意义上看，诊断考试是一种检查过去而又面向未来的考试。

（二）按考试的科学化程度划分

1. 标准化考试。它是按照系统的科学程序组织、具有统一的标准、并对误差作了严格控制的考试。这三层意思是紧密相联的，只有按照严格的科学程序来组织考试，才能有统一的比较标准，才能最大限度地减少误差，使考试尽可能准确可靠。标准化考试的基本内容包括命题标准化、答案标准化、实施标准化、评分标准化、分数解释标准化。实施标准化考试应具备的主要条件是：①建立一支精干的命题队伍和管理队伍；②要建立具有足够数量试题的题库；③要有使用电脑技术的条件。

2. 非标准化考试。它是相对于标准化考试而言的。标准化考试的试题是由有关专家根据一定的教育目标集体编制的。非标准化考试一般是教师自行命题的考试。这是两者的一个区别，但并不是本质区别，其本质区别还是在于标准化的程度。非标准化考试，一般只适用于本校、本学科，但不适用于更大的范围。我国的高考，大多数学科还不是标准化考试，目前在广东、广西、山东、辽宁试验标准化考试的学科只有英语、数学和物理。

（三）按考试的题型划分

1. 论文式考试。顾名思义，它是以写文章的形式作答案的考试。此种考试采用自由应答型试题，命题者根据教学大纲和教学目的的要求，提出一定的问题，而学生则依据自己的知识经验，针对问题的性质自由作答。如写作文和回答问题，就是论文式考试的基本题型。论文式考试为学生发表自己的独立见解创造了良好的条件。由于此种考试没有固定模式的答案，或者说没有单一的答案，评分的主观性较强，所以有人把它称作主观性考试。

2. 客观式考试。它是用固定应答型试题进行的一种考试。此种考试题是选择题，答案固定，而且单一，评分的客观性强。这种考试，不管是机器评分还是人工评分，不管是这个人评分还是那个人评分，也不管是今天评分还是明天评分，其结果都是一样的。客观式考试的主要特征是：标准稳定，质量有控，内容广博。例如，美国GRE能力倾向考试题为214道，规定180分钟答完；美国SAT考试题为220—240道，考试时间为180分钟。美国的托福考试20多年，考试分数的平均值长期稳定在500分左右。

综合其他一些国家的情况看，许多国家都感到学校教育已陷入考试主义的泥潭，因此主张积极进行改革。世界考试改革的趋势是：

第一，研究考查应试者的综合能力。据有关消息报导，美国准备使用新的托福考题。传统托福考题分听力、语法、阅读和词汇三大部分。新的托福考题分四大部分：第一部分给数篇文章，要求把多余的字删掉；第二部分也给很多文章，要求把漏字填上；第三部分类似传统的选择题，也是数篇文章，文中有缺漏的字，要求四选一填空；第四部分是作文，要求考生依据所给的三个图表作文章。

第二，由竞争、选拔模式的考试向促使学生个性发展的考试模式转化。这种考试只把考试成绩与确定了的目标相比较，不排名次，不列等级，不与他人作横向比较，以减轻学生的心理负担，促进个性的全面发展。

第三，由单纯用考试来鉴定教育效果向全面评价教育质量转化。这是因为学生的态度、信念、行为、创造力和学习方法等很难用考试加以鉴定，必须利用多种手段综合考察教学效果。

第四，东方和西方的国家教育考试制度在相互渗透与合流。西方教育界强调客观的、标准的考试，而前苏联则重视对教育目标进行综合评价，但近几年以来开始互相渗透与借鉴。

第五，出现了由集中化教学转向分散式教学的趋势。近几年在某些发达国家出现了机器教学和变通式考试，使教学与考试融为一体。计算机对不同程度的学生进行不同水平的教学，实施不同难度的考试。其具体做法是：显示出一个题目由学生作答，如果这个题目答对了，则下一个题目就更难些，如果答错了，则根据错误类型，在相应方面显示出一个较为容易的题目。这种变通式的考试，使每个人接受的是不同的题目，能更准确地反映每个人的真实情况。

二、考试质量的评价标准

考试起着指挥棒的作用，而这种指挥作用主要通过考试所用的试题表现出来的，往往是考什么就学什么，怎么考就怎么学。由此可见，提高命题质量，是提高整个考试质量的关键。

这里所说的考试质量包括两层含义：一是试题的质量；二是试卷的质量。试题质量的评价标准是难度和区分度，试卷质量的评价标准是信度和效度。试题和试卷是融为一体的关系，所以把这四项标准放在一起研究。

（一）难度的性质与意义

难度是衡量试题难易程度的指标。一道试题的难度值，就是表征考生解答该题的难易程度。影响试题难度的因素有两点：一是试题本身的复杂程度，二是考生对试题的适应程度。前者取决于命题者，后者取决于考生自己。在评阅试卷时，往往可以发现这种情况：有的题目本身很简单，但考生没有准备好，结果得分率很低；有的题目本身比较难，但考生准备得好，结果得分率很高。这说明，试题难度所反映的是特定考生对题目的困难程度。

试题难度要适中。难度过大或过小，往往会出现所有的考生都得高分或都得低分的现象。这样的试题区分度就很差，难以辨别考生的水平高低。因此，命题时必须控制试题的难度。国外一般认为难度值 0.5 为好。标准化考试的试题难度，一般控制在 0.4—0.7 之间。试卷的平均难度控制在 0.5—0.6 之间。

计算试题的难度值，可用以下公式：

$$P = \frac{\overline{X}}{W}$$

式中，P 为难度值；

$\overline{X}$ 为全体考生在该题得分的平均值；

W 为该题满分值。

例如：某题满分值为 20 分，全体考生在该题得分的平均值为 12 分，求该题的难度值。

求 P 值的计算过程是：

$$P = \frac{\overline{X}}{W} = \frac{12}{20} = 0.60$$

运用该公式评价试题难度需注意：题目的难度值越大，则题目的难度越小；题目的难度值越小，题目的难度就越大。

（二）区分度的性质与意义

区分度是指试题鉴别考生水平差异的区分能力，是鉴别水平高低的指标。这种区分能力，就是试题在用于考试时能使水平高的考生得高分，使水平低的考生得低分。

区分度高的试题能把水平不同的考生成绩区别开来，否则，就区别不开。如果某一试题全体考生都能答对或根本无人答对，则说明该题没有区分度，或者说该题区分度很低。如果在某一题上水平高的考生没答对，而水平低的考生却答对了，这也说明试题的区分度不强。

影响试题区分度的因素，主要是难度、信度和效度。通常是难度中等水平的试题区分度比较高，而难度过大或过小的试题，其区分度都很差。一般来说，考试的信度和效度都很高，其试题的区分度也很高；如果考试的信度和效度都很低，其试题的区分度也就没有计算价值了。当然，这并不等于说，信度和效度都高的试卷中没有一道区分度低的试题；也不等于说，信度和效度都低的试卷中没有一道区分度高的试题。

一般认为，试题的区分度指数在 0.30—0.60 之间，其区分度较高。国外一般要求试题的区分度在 0.40 以上，0.30 以下的试题就需要改进了。我国高考试题的区分度一般要求在 0.40 以上，至少不低于 0.30。分析试题的区分度，可以参照下表。

表 10 试题区分度的评价标准

区分度	评价等级	评价意见
0.40 以上	优秀	非常好
0.30—0.39	良好	如能改进则更佳
0.20—0.29	尚可	用时需作改进
0.19 以下	低劣	必须淘汰或重作修改

计算区分度，可以利用"两端组法"。分组方法常用国外的"27％划分法"。具体做法是：①按分数多少排出考生在该题得分的顺序；

②从最高分开始取 27% 的人作为高分组（H），从最低分开始取 27% 的人作为低分组（L）；③分别求出高分组和低分组每一题的通过率；④用高分组的通过率（P_H）减去低分组的通过率（P_L），所得的差数就是该题的区分度，即 D 值。

试题区分度的计算公式是：$D = P_H - P_L$

式中，D 为区分度指数；

P_H 为某题高分组通过率；

P_L 为某题低分组通过率；

例如：如果高分组在某题上的通过率是 0.80，低分组的通过率是 0.50，则该题的区分度指数为 $0.80 - 0.50 = 0.30$。

（三）信度的性质与意义

信度是考试分数一致性和可靠性的指标。它是指考试结果反映考生水平的稳定程度。也就是说，这是指用一份试卷两次或多次测试条件相同的考生，其考试成绩相符合的程度。如果两次考试成绩基本一致，则说明考试的信度高；如果两次考试成绩差异很大，则说明考试的信度低。这同物理测量的道理一样，用一根皮尺测量百米跑道的长度，如果多次测量结果都是 100 米，说明皮尺的信度高；如果第一次测量结果是 100 米，第二次测量结果是 101 米，第三次测量结果是 99 米，就说明皮尺的信度很低。

影响考试信度的因素，主要来源于试卷内部、考试过程和学生本人等三个方面。具体影响因素是：

第一，试题难度。难度是相对于某一个接受考试的团体来说的，题目过难或过易，都会使分数分布范围缩小，从而降低考试的信度。如小学升初中的考试就明显地存在这个问题，分数拉不开档次，数学和语文两门课平均分大约在 85—100 分，很多学生考试都得双百。其实，全体学生都得 90 分以上，并不能说明教学质量高，因为分数分布在这个狭小的范围内，已使考试本身降低了信度和区分度，很难考出学生的真实水平。

第二，题目数量。一般来说，试卷题目数量越多，分数的分布越广，考试信度越高。因为题目数量增多，尤其是同质题目增多，在每道题目上的随机误差将会相互抵消。这个道理同射击一样，射手在一两次射击中可能有明显的偶然性，但随着射击次数的增多，其命中率就会越来越接近他的真实水平。虽然考试受到内容和时间的限制，题数不能太大，但可尽量把大题化小，增加题数，以提高考试的信度。

第三，干扰因素。在考试过程中，往往会遇到一些干扰因素，影响对考试质量的有效控制。例如，题目用语不标准；考场纪律松弛，甚至出现作弊现象；有些行政领导"大队人马"进入考场视察；考生过分紧张、疲劳、答错题等。这些现象都会使随机误差增加。设法排除这些因素的干扰，是提高考试信度的重要措施。

考试信度，反映的是考试结果的准确程度。因此，对信度的要求就比较高。在大规模的标准化考试中，一般要求信度值不低于0.90，甚至达到0.95以上。我国1980年几个学科高考的信度值是：政治0.752，数学0.775，物理0.794，化学0.856。在学校教学阶段性考试中，有人主张信度值不应低于0.60。

考试信度的计算公式是：

$$r = \frac{n}{n-1}\left(1 - \frac{\sum pq}{S^2}\right)$$

式中，r 为信度值；

n 为试卷题数；

p 为各题正答率；

q 为误答率（$q = 1 - p$）；

S 为考试分数的标准差。

例如：假定参加考试者为 100 人，题量为 20 道，标准差为 4 分，求此次考试信度。

$$n=20, \quad S=4, \quad \sum pq=3.52$$

$$r=\frac{20}{20-1}\left(1-\frac{3.52}{4^2}\right)=0.82$$

（四）效度的性质与意义

效度是考试对其既定目标实现的有效性和准确性的质量指标。它反映考试结果与预定要达到的目标相符合的程度。如果考试的效度高，则说明考试所考查的内容恰恰是需要考查的内容；如果考试的效度低，则说明需要考查的内容没有完全考查到。例如，某中学为了预测高考成绩，举行过多次高考模拟考试，各次考试成绩分布相似，取得前后一致的结果，成绩比较稳定，说明信度是高的。但是，高考成绩公布后发现，模考与高考的成绩分布很不一致，在模考中成绩高的得了低分，成绩低的得了高分。从预测高考成绩的目的看，这个模考的效度是不高的。

当然，任何一种测量工具，只能是对一定的目的来说才是有效的。就测量长度这一目的而言，用尺子有效度，而用秤则无效度。同样道理，一次考试只能对某一具体目的有效，而不是对一切考试目的都有效。例如，我国的 EPT 考试，只能对考查出国留学生的英语水平有效，而对高考选拔新生则是无效的。

效度的名目比较多，其侧重点也不一样。但就考试效度的整体而言，影响效度的因素是：

第一，考试目标的确定不恰当，不能使它与考试功能有更高的相关。如果把学校成绩考试的基调定在水平考试上，其效度就无从谈起。要提高考试的效度，在确定考试目标时，就应尽可能使它与考试所具有的特定功能相一致。

第二，考试内容的确定，其科学性不强。考试内容是考试目标的具体体现，如果考试内容确定的不合适、不科学，那么再严密的考试也是无法准确地反映考试目标的。

第三，考试方法的选择难以表现考试内容，也会影响到考试的效度。也就是说，只有恰当地解决怎么考的问题，才能使实际考试的内容恰恰是所要考的东西。因此，目前应努力提高考试标准化的程度，并积极试验标准化考试。

国外一些标准化考试的效度值，大都在 0.40—0.70 之间。我国学者认为，考试的效度值大于 0.40 为质量高，0.20—0.40 尚可，0.20 以下为质量低劣。

分析试题的效度，使用"百分一致法"较为方便。具体做法是：①把考生按全部题目所得总分多少分成高分组、中分组、低分组，每组人数各占 1/3；②分别计算高分组和低分组在每道题上得分的平均值；③按各题顺次求出高分组和低分组平均得分的差值；④用各题的差值分别除以相应题目的满分，所得结果即该题的效度值。

例如，某科参加考试为 39 人，高分组 13 人，中分组 13 人，低分组 13 人。假定第一题高分组得分平均值是 18.8，低分组得分平均值 16.8，两组平均得分差值则是 18.8－16.8＝2。该题满分为 20 分，其效度值是 2÷20＝0.10。

第七章　中学班级管理的评价

办学水平的高低，在很大程度上取决于学校的管理水平。因此，研究学校管理，评价学校管理水平，已成为当今教育科学研究的重要课题。班级管理是学校管理的重要组成部分，班级管理的好坏与否，是衡量学校管理水平的一个重要标志，所以不仅要运用科学管理理论指导班级的管理工作，还要运用现代教育评价理论指导班级管理的评价工作。

在提高教育质量的过程中，广大班主任教师不断提高班级管理水平，为培养德、智、体全面发展的人才作出了积极的贡献，同时也积累了丰富的班级管理经验。随着学校管理科学化的发展，必然对班级管理提出更高的要求。在这种形势下，究竟如何客观地、科学地评价班级管理工作，则是一个急待研究的问题。

第一节　中学班级管理评价概述

谈到学校教育中的班级，可以说是无人不知、无人不晓，凡是上过学的人，对此都有所了解。这对我们探讨班级管理评价是个有利的条件。同时，还应看到，目前对班级管理的性质在看法上尚存在一定的分歧，这给确定班级管理评价和内容和目标又带来一些困难。为此，在研究班级管理评价的过程中，应对班级管理的性质与任务等问题进行必要的探讨，以利确定班级管理评价的要素。

一、班级管理与班级管理评价

由于对班级管理的性质与任务在认识上的不一致，往往会产生一些不同的评价观点。目前，对班级管理有两种看法：一种是从教学论的观点出发，强调班级是教学活动的基本单位，把班级学生学习的好坏作为评价班级管理水平的标准，但是，由于受片面追求升学率思想的影响，这一标准就被看作是班级管理好坏的唯一标准，只要班级学生考试分数高、升学率高，就是好班级，管理者也可以因此而受到嘉奖；另一种是从德育论的观点出发，强调班级是对学生进行思想政治教育的基础组织，把班级学生思想品德表现作为评价班级管理水平的标准，但是由于有的人片面地强调了这一观点，往往把思想品德教育作为班级目标管理的归缩，只要班级纪律好，就是好班级，如果在开全校大会时出现纪律不佳的现象，就会在评"三好班级"中名落孙山。上述两种看法，虽然都从不同角度揭示了班级管理的性质和意义，但却忽略了班级管理在全面质量管理中的机能作用，因而也就容易导致偏离全面发展的方向。

班级，作为一种教学单位，具有悠久的历史。从现代教育的观点看，班级不仅是学校进行教学工作的基本单位，而且是进行思想品德教育和其他教育活动的基本单位。简言之，班级是实施全面发展教育方针的基本组织形式。这是一种广义的解释。从这一观点出发，班级管理的内容很丰富，范围也很广泛，它包括德、智、体、美、劳多方面的教育活动管理，但不能取代学校管理的整体内容，它毕竟是学校教育的一个基层单位。班级作为学校教育的基本单位，其管理任务应是：根据学校管理目标的要求，制定管理计划，提出管理措施，对班级学生进行思想管理、组织管理和学习生活管理等，协调人际关系，形成坚强的班级集体，使学校的教育、教学工作得以顺利的实施，促进学生德、智、体全面发展。

建立一个良好的班级集体，这是班级管理的重要任务。一个良好的班级集体，应具备下列主要条件：

第一，班级集体应具有共同的奋斗目标。要使集体成员明确努力方向，并为实现这一目标而协调一致地行动。

第二，班级集体应有一个健全的自我管理组织。这个组织即班委会，成员应由民主选举产生，而不应是教师圈定的。

第三，班级集体应有良好的人际关系。这个关系应体现在师生之间的密切协作和学生之间的团结互助上。

第四，班级集体应有良好的学习风气。其成员能在正确的学习目的指导下发奋学习，做作业或考试无抄袭行为。

第五，班级集体应具有正确的集体舆论。做到好事有人夸、错事有人管，对上对外不掩饰自己的短处。

达到上述要求，需要经过一个较长时间的培养过程。因此，一个有经验的班级管理者，非常重视对良好班级集体蓝图的设计，并采取有力措施逐步付诸实施。班级管理，就是对班级工作的计划、实施与评价。如果没有一个切实可行的管理目标，结果如何也就难以进行评价。进行班级管理评价，就是为了弄清班级管理目标的到达度、计划与实施的有效性，以及具体的改进管理的方向，从而推进班级管理的科学化和规范化。

二、班级管理评价的功能

在学校管理工作中，有计划地、有组织地对班级管理水平进行评价，这是学校管理的基本环节，也是提高管理水平的重要手段。班级管理评价在学校管理中占有重要地位，因此，应重视发挥班级管理评价的功能。班级管理评价具有下列主要功能：

（一）班级管理评价的导航功能

班级管理与学校管理是不能截然分开的。班级管理是学校管理的重要组成部分，两者在方向目标上是一致的，如果发生不一致的现象，那就说明学校管理有失控现象。从全局上看，不论是学校管理还是班级管理，都必须坚持全面贯彻党的教育方针，按照德、智、体全面发展的质量标准去管理和培养学生。这是管理的方向，也是评价的方向。

班级的管理目标，对学生的成长与发展会产生直接的影响。这种影响有积极的，也有消极的。如果目标的设计与实施都沿着正确的轨道发展，那就会对学生产生一种积极的影响，否则，就会产生一种消极的影响。通过评价活动，可以比较准确地把握这种实态。若是前者，就给以强化，使其更好地发挥作用；若是后者，就及时予以纠正，使其纳入正确的轨道。

（二）班级管理评价的协调功能

协调，在班级管理的评价中占有重要地位。协调，不仅是评价的功能，也是管理的功能。从组织论的观点看，管理的本质就是协调。因此，充分发挥协调的功能，对提高班级管理水平具有十分重要的意义。对班级管理进行评价的最终目的，是使学生在德、智、体等几方面都得到健康的发展。同时，也应看到，学生的成长与发展，是各种教育因素共同作用的结果。因此，协调各种教育力量，调动多方面积极性，就是班级管理与评价的重要任务。

在现代管理理论中，协调功能的发挥，越来越受到人们的重视，其表现形式也是多方面的。就教育内容而言，可以协调、德、智体等几方面管理目标的比例关系；就教育力量而言，可以协调班主任、科任教师以及家长的关系等。例如，通过诊断性评价，发现课外作业量大，影响学生的身体健康，这就需要及时同有关科任教师协商，以求问题的妥善解决。处理类似问题，不仅要从内容上进行协调，还要从解决问题的主体上进行协调。

（三）班级管理评价的激励功能

管理的核心是对人的管理，而对人的管理的关键，又在于调动其积极性。这一观点，不仅适用于宏观管理，而且适用于微观管理；不仅适用教师，而且适用于学生。因此，一个有效的管理者，应重视评价的激励功能对提高班级管理水平的作用。

在班级管理的评价中，根据一定的标准，通过相对比较，判断班级管理工作的优劣，这对先进的班级是一种鼓舞，对较差的班级是一种鞭策，从而激发人们工作的积极性，增强管理工作的竞争力。科学的评价，是有客观依据的。通过评价，可以使被评价行了解自己的成绩和问题，明确今后的努力方向，不断提高班级管理水平。有根有据地评出先进班级，这既是对班主任管理工作的肯定，又是对班级集体的一种激励。青少年学生的集体荣誉感很强，当他们的班级受到表扬时，就会把这种表扬变成一种精神动力，从而推动班级集体沿着正确的方向继续前进，力求取得更大的成绩。

（四）班级管理评价的指导功能

进行班级管理的评价，当然要对班级管理水平的优劣作出价值上的判断。但是，如果仅仅满足于对班级管理优劣的判断，而没有针对班级管理工作中存在的问题进行必要的指导，那还不能称之为真正的评价。正确的作法应是：弄清目标的到达度，肯定成绩，找出问题，明确改进工作的方向及应采取的对策。因此，对班级管理水平进行评价，必须加强指导，否则，就很难达到评价的最终目的。

在评价的过程中，通过调查研究，评价者获取了大量的客观评价资料，这为发现新情况、研究新问题提供了有利的条件。因此，加强指导，主要是帮助解决问题，提高班级管理水平。如果不能针对班级管理中存在的主要问题给予必要的帮助，那么所说的指导只能是纸上谈兵，无济于事。这里所说的帮助解决问题，不仅限于管理方法，还应包括管理思想及管理目标的设计等。但应指出，作为评价主体，是加强评价的指导，并不是取代管理者。

三、班级管理评价存在的问题

评价班级管理水平，实际上是对班主任的管理工作进行评价。这项工作是一个既复杂又细致的工作，其效果不仅会影响到班主任工作的积极性，而且会影响到学生的成长与发展。正因为如此，应采取一个积极而慎重的态度，以求探索出一套比较客观的评价目标和切实可行的评价方法。好多地方边研究边实践，取得了很大进展，积累了不少经验，有力地促进了班级管理水平的不断提高。

目前，在班级管理的评价工作中还存在一些急待解决的问题。如果不重视或重视不够，就可能影响班级管理，不仅会影响到当前，而且会影响到未来，其结果是通过学生表现出来的。班级管理评价中的主要问题是：

（一）依据片断事例进行评价

有的行政领导人员，由于平时行政事务工作缠身，深入班级的机会很少，所以评价一个班主任工作时往往根据某一片断事例。这个事例，当然包括好的和坏的两个方面，有的是领导者本人所见，有的是他人传闻。靠这类耳闻目睹的片断事例去评价班主任的管理工作，是难以令人信服的。例如，某领导一次发现 B 班学生自习时有人说话，就当面进行了批评，并以此为根据评价该班学生纪律差，班级管理不好。但经班主任了解，有些学生上自习时之所以说话，是因为几个学生在争论一道数学题的解法。类似上述这种情况，在个别行政领导身上确实存在，有的甚至把几年以前的事例作为评价的依据，即所谓老印象。这样做，既挫伤了班主任工作的积极性，又伤害了学生的感情。

（二）忽略管理工作过程的评价

评价班主任的管理工作，是要评价其班级管理工作的成果。但对工作的过程还是应有所了解，否则，也难以作出科学的评价。例如，有一所学校在文明礼貌月中每周公布各班的"好人好事数"和"事故数"，压力很大。一位教师眼看自己的班太落后，马上采取"有效"措施，规定每个学生每天必须做好事三件以上，逐日登记，同时规定违纪一次，罚款5角。学生只好千方百计完成做好事的任务，有的把铅笔、小刀之类的东西先借给同学当拾物交公，然后"失主"再去领回。一月统计结果，好人好事达4000多人次，一跃而为全校之冠。另一方面，事故率也果真惊人地下降，唯一还有一个上课讲话、积习难改的学生，因违纪行为5次，罚款2元5角。学生不敢向家长要钱，提出请假一周去做工挣钱来交罚款。这种情况，如果只凭"好人好事4000次"的结果进行评价，那就会把事情弄到可笑的地步，造成极坏的影响。

（三）以升学率高低进行评价

应该承认，升学率高低是评价教育质量的一个重要方面，是办学水平的一个重要标志，当然也是衡量班级学生质量的一个重要尺度。因此，把升学率同管理水平对立起来的看法是不对的。但是，由于受到片面追求升学率的影响，一些地方评价班级管理工作也以学生升学多少来评价班级，并且作为唯一的标准。例如，有的地方教育行政部门规定，升学率高的学校校长奖多少钱，班主任奖多少钱。这种作法，对班级管理工作的影响是很大的。在校内，只要哪个班学生的学习好，就是班主任管理得好；在家长的心目中，只要哪个班升学率高，就是班主任管理有方，千方百计地把孩子送到这样的班级。这一作法，似乎成了一个无明文规定的评价标准。

（四）班级评价目标的外延过大

在探讨班级管理评价的过程中，不少地方提出了切实可行的评价方案，有力地促进了班级管理评价工作的开展。但有待于研究的问题是：有的评价目标外延过大。例如，有的把班主任应具备的基本素质都列为班级管理的评价目标，如政治素质、道德素质、思维素质、心理素质、知识素质、能力素质等，都作为评价班主任管理工作的标准。应该说，这些素质对一个班主任来说，都是极为重要的，也是应该具备的，这是由班主任的工作性质和任务所决定的。但把这些素质作为评价班级管理水平是不妥的，评价班主任管理工作是指评价其工作质量，并不是评价作为一个班主任应具备哪些条件。如果是选拔班主任，那是应把一些必要的素质列为条件的。因此，应就班级管理工作本身去设计评价目标，不应无限制地扩大评价目标范围。

第二节 中学班级管理评价的内容与目标

班级作为教育基本单位，在学校教育中占有极为重要的地位。它不仅是学生学习的集体，也是学生生活的集体。加强班级管理，是为促进每一个学生的成长而创造各种条件的。这个条件可以概括为两大类，即人员条件和物质条件。这是管理的基本内容。因此，它既是学校管理的目标，也是班级管理的目标，但两者的目标范围是不一样的。评价是围绕管理目标进行的，要判断实现目标的实态和到达度，就要使管理内容和评价内容相一致，不能离开管理内容去探讨班级管理评价的内容。这是确定班级评价目标的一个基本原则；

一、班级管理评价的基本内容

学校管理，要根据党的教育方针，按照中学培养目标的要求，把学生培养成为有理想、有道德、有文化、有纪律的一代新人。班级是学校教育的基础组织形式，一切教育活动都要通过班级来进行，评价教育成果，也要看班级学生的质量。因此，班主任就肩负着繁重而艰巨的任务，他们要根据学校领导的工作部署，结合本班学生的实际情况，对学生进行思想政治教育，引导学生学好功课，提高学生的健康水平，组织学生参加劳动。为了做好这些工作，班主任要有针对性地进行一系列的班级管理工作，从而促进学生在德、智、体等几方面都得到发展。

班主任是班级集体的组织者、教育者和管理者。班级管理工作好坏对学生的成长与发展具有重大影响。为了提高班级管理水平，国家对班主任工作提出了明确的要求。原教育部颁布的《关于班主任工作的要求》是：

第一，热情关怀、爱护学生，负责做好本班学生的思想政治工作，教育学生遵守中小学生守则，努力使本班形成一个遵守纪律、团结向上、勤奋学习、朝气蓬勃的集体，使学生在德育、智育、体育等方面都得到发展。

第二，经常与科任教师联系，了解和研究学生的思想、学习情况，教育学生明确学习目的，端正学习态度，改进学习方法，学好各门功课，不断提高学习成绩。

第三，关心学生的生活和身体健康，加强生活管理，组织和指导本班学生参加文体活动，搞好清洁卫生，培养学生具有良好的生活习惯。

第四，组织领导班委会的工作，指导本班共青团、少先队开展活动。

第五，负责组织领导本班学生参加适当的生产劳动和必要的社会活动，并配合有关科任教师开展课外科技活动。

第六，与学生家长和社会有关方面取得联系，加强学生的思想政治工作。

根据国家对班主任工作的要求，结合学校的具体情况，班级管理评价的基本内容应包括班级计划管理、班级信息管理、班级人际关系管理、班级教育质量管理、学生生活管理、协调工作管理、教室环境管理及班级行政事务管理。

（一）班级计划管理

在现代科学管理中，计划管理占有重要地位，它是实施管理目标的具体化。管理目标，一般只规定工作的方向，即提出基本任务和要求，而计划则要根据管理目标制定出具体的实施方案，把目标设想转化为管理行动。这对班级管理是极其重要的。班级管理计划是学校总体管理计划的具体体现，有了这个计划不仅使本班学生明确了奋斗方向，而且使他们知道怎么去做。例如，有的班级提出体育达标要实现90％以上的指标，为实现这一目标，他们提出两项措施：一是教育学生上好体育课；二是有组织有计划地开展课外体育活动，每天锻炼1小时。

有的人认为，制定班级管理计划的必要性不大，其理由是：①学校有管理计划，班级照办就是了，没有必要再费笔墨，搞繁琐哲学；②学生是动态多变的，难以准确地把握其实态，即使做好了计划，执行中也得改动；③班级工作方向很明确，至于怎么做早已胸有成竹了，写出来给领导看是没有必要的。这些观点，对加强班级计划管理是不利的，应有针对性地加以解决。

班级管理计划，同学校管理计划、年级管理计划具有一致性，目标管理方向相同。但是，各个班级又有自己的特点和实际，照搬他人的管理方案是行不通的，因此需要制定一个合理的、有个性的班级管理计划。这样有利于调动师生及家长的积极性来做好班级工作，也有利于班主任调换时的工作交接，不会因班主任的变动而使管理方案受挫。

(二) 班级信息管理

当今是信息时代，社会是信息化的社会。各种信息数量之大、传递速度之快是未曾有过的。作为班级管理者，不断获取和利用有关教育信息，对提高班级管理水平具有十分重要的意义。这是对一个班级管理者的较高要求。但准确地、及时地获取和利用班级信息，则是班级管理者的基本功，也是班级管理及其评价的重要内容。

班级管理的主要对象是人，是动态多变的学生。因此，了解和掌握本班学生的必要信息，是制定班级管理计划的基础，也是有针对性进行教育和管理的前提。简言之，只有了解学生，才能教育学生，才能保证班级管理计划的顺利实施。例如，某学校了解到 80 年代的中学生参与管理的意识较强，在调查的 460 名学生中有 63.3％的人表示"很愿意"当学生干部。这说明，很多学生都具有坚定的自信力。如能根据学生这一特点，改革班级干部的管理制度，采取"轮流坐庄"或"竞选"等办法，那会使更多的学生受到锻炼，从而培养他们的自治能力。

班级信息管理的内容比较多，仅就有关学生的信息而言，可分为动态信息和静态信息。有关学生的自然情况及家庭情况等，可归为静态信息；有关学生的思想、学习等方面的变化情况，可归为动态信息。这两种类型的信息，都是进行班级管理所必需的，其中最关键的是管理好动态信息。之所以强调这一点，是因为中学生正处在人生观、世界观形成的重要时期，他们在各方面的发展变化是比较快的。

(三) 班级人际关系管理

人生活在社会上，总要和其他人发生一定的关系。学校是社会的一个侧面，当然也存在着人际关系的问题。对班级管理来说，师生之间、学生之间的良好关系，是实现班级教育目标的重要因素。一个好的班级集体，其成员的关系是和谐的，具有团结互助的风气，每一个学生不仅关心自己，更关心别人；向心力也很强，个人离不开集体，集体孕育着个人，每个学生都具有强烈的集体荣誉感和责任感。因此，班级人际关系，不仅是班级管理的内容，而且是班级评价的内容。

良好的班级人际关系，是班级集体成熟的重要标志。一个有经验的班主任，对班级人际关系管理是非常重视的。例如，据中国教育报报导，浙江省模范班主任郭葆钫同志注意到这样的现象，下课后同学们形成了许多伙。他们一起说笑、玩耍，放学时又是三三两两地结伙离校。这些伙伴总是自然形成，基本固定。行动往往一致，话题总很投机。她仔细地观察着，思考着，这不就是人们常说的群体吗？这种小群体如不好好引导，就有可能妨碍品行和个性的发展，导致后进生的增多。再看看传统的班级小组，按桌位分列，人数多达十几人，只在班级硬性规定的活动中，勉强地维持小组的形式，能否把这种班级行政小组的模式打破，以自愿结合的小组来取代？她决定试试。她根据学生年龄、活动能力、校外学习和活动地点限制等情况，以这种群体为基础组成"学雷锋小组"，人数一般二三人，多的也只有四五人。学雷锋的内容包括校内、校外、学习、课外生活，甚至打扫卫生、出黑板报、参加班级各项竞赛活动、假期活动等。这样的小组，使原来无意识的自然群体，取得了班级的"合法"地位，摆脱了被动管理，学生真正成为小组的主人，自己管理自己。成员们增强了互相帮助、督促前进的责任心；校外活动也"合法化"，得到家长的支持和鼓励。校内教育的影响在校外得到延续。教师能更全面地、及时地了解、掌握学生的全部情况。学生的全部时间，连星期天、寒暑假，经常在有意义的活动中度过，变难以控制的因素为可控因素，班集体更充满了活力。

（四）班级质量管理

现代管理论提出：向管理要质量。这说明，质量是管理水平的主要标志。换句话说，管理水平的高低，最终是通过质量表现出来的。

生产管理是这样，教育管理也是这样。如果离开了质量，管理就失去了意义。因此，在班级管理中，质量管理是中心环节。评价一个班级管理水平时，不仅要分析做了哪些工作，做得怎么样，而更重要的是要分析质量，尤其是学生的质量。

长期以来，在班级管理评价中存在的一个主要问题，就是偏重于工作内容、具体措施，而对质量却注意不够。例如，有的领导评价一个班主任管理得怎么样，往往看做了哪些工作，只要工作做得多，就容易当上"优秀班主任"。但这并不等于说，工作做得少就是好，而是说要把工作的多少同质量挂上钩。

谈质量，就有个质量观、学生观的问题。在这一点上，班级质量管理同学校质量管理一样，必须坚持"全面发展、面向全体"的原则，这是由党的教育方针决定的。评价班级质量管理怎么样，要看学生是否在德、智、体等方面都得到发展了，要看工作是面向班级全体学生还是部分能升学的学生。这既是个教育思想问题，又是个质量观、学生观的问题。如果忽略这个问题，就难以把握正确的评价方向。例如，某校有一个学生，是国际作文金牌获得者，思想要求进步，积极争取入团，学习成绩优异，思维敏捷，但因他好发表不同意见，结果以骄傲自大为理由使他入团问题拖了1年多，直到惊动了团省委书记，做了工作，才发展入了团。这里就有个质量观的问题，没有一个正确的质量观，就不会做出客观的评价。

（五）班级学生生活管理

国家对班主任的工作要求之一，是"关心学生的生活和身体健康，加强生活管理，组织和指导本班学生参加文体活动，搞好清洁卫生，培养学生具有良好的生活习惯。"这说明，加强学生的生活管理，是班主任的一个重要职责，是班级管理必不可少的内容，也是班级管理评价的目标范围。

班级学生生活管理的好坏，对学生的成长影响很大。一个学生的良好品德行为，是在学习生活过程中逐步培养起来的，它一方面要靠教师的教育力量，另一方面又要靠学生的自我教育能力，而这种自我教育能力也要在教师的主导作用下加以培养。因此，班主任应按照中学生守则的有关要求，严格进行行为习惯的训练。良好的生活习惯是学生茁壮成长的重要因素。学习成绩优异的学生一般自我控制力都较强，日常生活有规律，学习习惯也好；而学习成绩差的学生，往往缺乏良好的生活习惯和学习习惯，不能有计划地安排自己的课外时间。

对学生的生活管理，确切点说，应是生活指导。越是年龄小的学生，越需要加强指导。其内容比较广泛。例如，文明礼貌行为的培养、卫生保健指导、课外时间的利用方法、文娱生活的安排、生活作息制度，等等，均属指导的范围。当然，学生良好生活习惯的培养，还要依靠家长的协助。但从学校教育的观点出发，生活管理是班级管理的一个重要内容，因为学生的大部分时间是在学校度过的。以初中二年学生为例，每周上课31节，如再加上劳动技术教育、规定的课外体育活动、班（团队）会的时间，平均每天都有6节课的时间在班级集体中度过；如果是毕业班的学生，几乎全天都是在学校的班级里。因此，班主任教师应取得科任教师和家长的协助，加强生活指导，使学生具有良好的生活习惯。

（六）班级环境管理

学校是教育场所。因此，班级环境建设必须有利于对学生的教育。这是班级环境管理的一条基本原则。班级环境，一般可分为两大类，即教育环境和物理环境。教育环境，除了上述美化内容以外，还包括壁报专栏、图书角、标语口号等；物理环境，主要指有利于学生健康与安全的因素，如设施设备、采光照明、气温条件、音响程度等。通过班级环境的建设，可以保证学生有个良好的学习环境，使他们受到熏陶、受到鼓舞。

一个有经验的班主任，对班级环境的建设与管理是非常重视的。例如，据中国教育报报导：浙江省模范班主任、杭州铁路中学教师郭葆钫，为了建立一个好集体，培养一种好班风，决定造成一个良好的小环境。

她自己花钱选购了40多棵花苗，分给初一新班的每个学生，同时要求这个班集体用自己辛勤劳动来栽种这些花苗。她把这个活动定名为"我和花苗一起成长"。同学们小心翼翼地把花苗带回家里。

冬去春来，花苗长大了，鲜花开放了。同学们把自己栽种的盆景全带来了，满满一教室，五颜六色，千姿百态，同学们乐啊，跳啊！

从那以后，这些盆景一届又一届一直保存下来。寒暑假，同学们分头带回家里精心培育，开学时又捧回班里来。这些花苗点缀在教室的周围，美在师生心中。这个例子说明，班级环境对学生会发挥直接的教育作用。因此，在学校管理工作中，要在重视班级环境管理的同时，还应重视班级环境管理的评价。

（七）班级教育力量协调管理

班级学生德、智、体等几方面的全面发展，是多种教育力量协调作用的结果。在这个协调的过程中，班主任是唱主角的，也就是通过班主任去协调本班科任教师和学生家长的力量，共同致力于班级的教育管理工作，使学生沿着学校培养目标的方向发展。班级管理工作计划，如果离开科任教师和学生家长的协助，就难以顺利地实施，也难以取得预期的效果。因此，班主任应积极主动地与有关方面沟通信息，以便协调一致地做好本班的教育管理工作。

学生的时间，大部分在学校里度过，而且基本上是在课堂上度过的。班级每个学生的课堂表现，科任教师都是清楚的。班主任与科任教师取得联系，一方面可以介绍本班学生的面貌和教育计划，请科任教师协助做好班级工作，另一方面可以从科任教师那里获取学生的有关信息，以便有针对性地进行教育工作。这种协调，除了平时有目的地互相沟通信息以外，还可以召开协调会议，就班级带有倾向性的问题进行研究和协商。例如，当班主任发现本班学生的课外作业负担较重时，可以通过一定的形式，与各科教师商定，适当减轻学生的作业负担，确保学生能生动活泼地进行学习。这也是一种协调。

提高班级管理水平，还要依靠本班学生家长的帮助。协调家长的力量，这是班级管理的一项重要内容。家庭环境，对中学生的思想观念、道德情操、兴趣爱好以及学习能力的形成与发展，会产生不同程度的影响。这种影响有积极的因素，也有消极的因素。通过家访或家长会议，可以互相沟通信息，力求把消极影响转化为积极影响，并进一步强化积极影响，保证班级学生能健康地成长。

二、班级管理评价的目标框架

班级管理评价目标的设定，从不同的角度有不同的分法，而且有简有繁，可以根据本校的实际来设定，不一定面面俱到，应有所侧重。根据班级管理的内容范围，其评价目标可归纳为下列几项：

（一）班级计划管理

1. 班级教育目标；

2. 管理计划的独立性；

3. 计划目标的到达性。

此项评价目标，需把握的评价观点是：班级教育目标是否坚持了"全面发展、面向全体"的方向？是否与学校、年级教育目标相一致？班级教育活动的安排是否具有独特风格？有无创造性？计划目标是否分阶段安排的？是按计划完成了还是不切实际的空想？

（二）班级信息管理

1. 学生信息；

2. 教育信息；

3. 评价信息。

进行这一评价，应把握的评价观点是：对学生的自然情况是否了如指掌？对学生的发展变化情况是否及时掌握；进行教育是靠必要的教育资料还是凭空洞的说教，已积累了多少教育资料；对每个学生的评价资料积累如何？能否作为全面评价学生的客观依据？

（三）班级人际关系管理

1. 学生之间的关系；

2. 教师与学生之间的关系；

3. 班级集体的风气。

评价班级人际关系，是围绕班级集体的建设而展开的。为此，应把握下列评价观点：学生干部与一般学生的关系怎么样？团员学生与一般学生的关系怎么样？学生之间是否能做到互相尊重和互相帮助？班级学生与班主任的关系是否融洽？学生与任课教师的关系是否协调？学生对班级目标的完成是否关心？其责任感和荣誉感如何？是否已形成了坚强的班级集体？

（四）班级质量管理

1. 学生思想品德面貌；

2. 学生各科学习成绩；

3. 体育锻炼达标率。

班级质量管理，是指对班级学生质量的管理。因此，应针对学生的全面发展水平展开评价。此项评价，应把握的主要评价观点是：按照中学生守则的要求，可把班级学生划为三种类型进行分析，每类各占多大比例？后进生的转化如何？升学率、优秀率和及格率多大？学习较差生的提高幅度如何？班级学生的体育达标率是多少？是否逐年有所提高？

（五）班级生活管理

1. 生活习惯；

2. 卫生习惯；

3. 学习习惯。

学生的生活，一般指学习生活而言，所以把日常学习习惯的培养列入班级生活管理的范畴。对班级生活管理进行评价，应侧重把握这样几个评价观点：学生能否自觉地遵守学习生活制度？独立生活能力如何？文明行为习惯如何？学生的个人卫生怎么样？对用眼卫生是否重视？日常的时间观念怎么样？有无个人的学习计划？独立学习能力怎么样？

（六）班级环境管理

1. 教育环境；

2. 物质环境。

就班级环境而言，应包括上述两种类型，但有的内容是班主任力所难及的，应由学校有关部门出面解决。从班级环境管理的评价来看，应考虑的评价观点是：教室环境的布置是否有利于学生的发展？学生座位是否按期调换？班级的图书资料是否有利于学生的身心健康？壁报内容有无本班教育特点？班级的设施设备是否安全？教室的采光、照明是否符合用眼卫生？冬季保暖条件如何？有无噪音干扰教学活动？

（七）班级教育力量协调管理

1. 班主任同科任教师的联系；

2. 班主任同学生家长的联系；

3. 班主任同社会有关方面的联系。

对班级教育力量协调管理进行评价，应把握以下几个评价观点：

班级教育目标是否向科任教师作了介绍？是否取得一致的看法？对学生在各科课堂上的学习情况是否心中有数？是否有计划地进行家访？做了哪些工作？效果如何？是否按期召开家长会？根据班级教育计划实施的需要，与社会有关方面取得了哪些联系？解决些什么问题？

（八）班级行政事务管理

1. 本班学籍档案；

2. 学生操行评定；

3. 班级例会；

4. 教室备品管理；

5. 班级日记。

班级行政事务管理的内容繁多，可以有所侧重地进行评价。根据上述各项，应把握的评价观点是：学籍簿上所列项目的填写是否齐全？质量是否得到保证？班主任是否亲自动手写操行评语？评语是否与学生实际相符合？能否有效地利用班会时间？班会的主题及效果如何？是否有计划地召开班干部会？解决了哪些主要问题？教室备品的管理有无责任制？效果怎么样？班级日记记录得是否认真？班主任是否每天查阅？是否有效地发挥了教育作用？

第三节　中学班级管理评价的实施

班级管理评价的实施，是一项比较复杂的工作。如果处理得好，就会调动班主任工作的积极性，也会加深学生对班级集体的情感；如果处理不好，那就可能挫伤班主任工作的积极性，也可能影响到全班学生的情绪，甚至会影响到学生同班主任的关系。因此，对班级管理进行评价，不能草率从事，而应取慎重的态度。

班级管理水平的提高，是受多种因素制约的。例如，各个学科的课堂教学、家庭环境、社会环境等，都会对班级管理产生一定的影响。这些影响，无疑也会增加评价的难度。为了有效地实施班级管理的评价，当前应注意解决以下几个问题。

一、班级管理的评价标准

前面谈到的班级管理评价目标体系框架，是一个综合评价的初步设想。其结构是两个层次，一级评价目标是 8 项，二级评价目标是 25 项。如果需要，还可以分出三级评价目标，但不宜太繁琐，应有利于评价的实施。

确定班级管理的评价标准，应根据班主任教师工作的特点。班主任的工作对象是动态多变的学生，其工作性质是创造性的精神劳动。由于精神生产不可能有固定的工艺流程，所以每个班主任的工作都有自己的独特风格。在这种情况下，用一个评价模式去衡量各个年级班主任的班级管理工作是比较困难的，因此，应灵活掌握评价标准，坚持从实际出发的原则。

班级管理的评价标准，宜粗不宜细。目前，应采取大尺度的评价办法，可把评价结果分为三级，分别用文字"好、中、差"或用符号"A、B、C"来表示。在中学里采用三级评价标准，可通过相对比较确定某班管理工作的优劣，明确其在全校的地位。但有的分为五级或四级，也有的采取直接量化或二次量化的方法。总的来说，对班主任的班级管理工作进行评价，其标准的等级，一般不宜过多，如果过多，那就不易区分了。

在实施评价的过程中，评定等级时应注意的问题是：

第一，要考虑到班级的基础条件。

正常情况，评价是在等质的条件下进行的，否则，几个班相互比较是比较困难的，即使勉强进行比较，也难以令人信服。例如，一个班主任接了一个乱班，原来学生纪律很差，学习基础也不好，班级集体风气不正，但经过一个时期的工作后，班级变化很大，学习成绩大幅度地提高，违纪现象明显减少，班级风气也基本好转。谁都承认，这位班主任不仅做了大量的工作，而且收到了良好的效果。但是，这样的班同其他平行班相比，差距还是比较大的。进行班级管理评价时，应该重视这一情况，否则，就可能影响班主任工作的积极性和学生的情绪。

第二，要重视各年级的特点。

在评价班级管理工作时，强调各年级的特点，其目的在于从实际出发确定评价的侧重点。从教育评价的观点看，一般应有一个相对统一的评价标准，以便对各个班级的管理工作做出客观的评价。但从目标管理的观点看，各个年级的班级管理目标是不一样的，管理的重点也不一样，这是由各个年级的特点决定的。例如，初中一年级的学生，刚从小学升入初中，无论在学习活动中还是在集体生活中，都感到不适应，学习的科目多达11门，上课要自己记听课笔记，学习时间也要自己安排。实践表明，谁适应得快，谁的学习进步就快；谁适应得慢，谁的学习进步就慢，甚至容易掉队。针对这一特点，班主任把管理工作的重点放在学习生活的指导上，这是符合教育规律的。因此，在评价初一班级管理工作时，应重视这个特点。如果条件允许的话，最好各个年级分别制定评价标准，以便提高班级管理评价的效果。

二、班级管理评价的方法

由于班级管理评价的内容比较复杂，而且有的又受客观条件的制约，因此，具体进行评价不宜采用某种单一的方法，而应采用多种方法。根据班级管理评价的特点，可将其具体方法归纳为两种类型：

（一）收集评价资料的方法

资料是评价的依据。任何一种评价，都必须建立在足够的客观资料的基础之上。要想有效地进行班级管理的评价，就必须采取适当的方法去广泛地收集评价资料。如果缺乏这种资料依据，就很难进行科学的定性或定量的分析，也无法得出客观的评价结论。

（二）进行综合评价的方法

进行综合评价，可采取两种形式，即内部评价和外部评价。在一所学校之内，对班级管理进行评价，采用内部评价，是指以本班班主任为主所组织的评价；而外部评价，是指以学校行政管理人员为主对班级所组织的评价。可见，这里的内部与外部，是相对于被评价单位而言的，不是校内与校外之分。

对班级管理工作进行内部评价，班主任应根据确定的评价目标和评价标准，对本班的管理工作实行自我评价，因为班主任对本班的情况最了解，也最有发言权。虽然这是进行评价的有利条件，但是，为了提高评价的客观性，班主任还应主动争取各科任课教师的配合，认真听取他们对本班工作的评价意见；有目的地召开学生座谈会，请受教育者评价班级管理工作，这样既可以增强他们的参与意识，又可以进一步密切师生关系。

从学校管理的角度看，对班级管理工作进行内部评价，有利于调动各位班主任的工作积极性。但是，只靠这一种形式是不够的，还必须进行外部评价，以行政管理人员为主，组织一定的人力，对全校班级管理工作进行评价。这样做，可以把握本校班级管理工作的现状，弄清取得的成绩，明确存在的主要问题，提出改善今后工作的措施。

对各个班级管理评价结果的表示方法，可以用文字，也可以用图表。用图示的方法是：

等级 班别	C	B	A
初 1·1			
初 1·2			
初 1·3			
初 1·4			

三、班级管理评价的信息

这里所说的班级管理评价的信息包括班级管理的全部教育资料。班级工作信息是科学管理的基础，是提高管理水平的前提条件，也是进行管理评价的重要依据。如果离开了信息工作，就很难谈得上什么有效的管理和客观的评价。因此，优秀的班主任对这项工作非常重视。但是，就目前的情况看，在一些班主任工作中，还有忽视此项工作的现象，如不加以纠正，就会影响班级管理工作水平的提高。为此，应加强班级信息的收集、管理和利用。

从班级管理的要素看，应注意下列资料的积累：

（一）班级学生信息资料

思想品德鉴定表、各科考试成绩表、体音美课成绩、身体健康卡及兴趣爱好、性格倾向、行为习惯方面的主要情况记录、学生之间的交友情况等。

（二）班级教育计划资料

学校教育计划、班级目标管理规划、学年或学期班级工作计划、每月班级工作要点、班级单项活动的组织计划、各项计划的实施情况记录、同学生家长的联系情况、同社会有关方面的联系情况等。

（三）班级组织建设资料

班委会的成员及分工、少先队组织或团支部的成员及分工、各行政小组的情况、课外活动小组的组织工作、班级壁报的任务分担、其他临时性任务的分担等。

（四）班级行政事务资料

班级日记或周记、好人好事记录、班级备品保管制度、日课表、教室卫生、学生出缺席统计、观察记录、会议活动记录、班级偶发事件的处理记录、家长来信等。

除了上述列举的事项以外，还有很多资料值得收集和积累。班主任可根据自己班级工作的实际进行收集，以利于班级管理工作和评价活动的开展。

第八章 中学学校管理的评价

　　现代管理论提出：向管理要质量。这不仅适用于企业管理，而且适用于学校管理。因此，要提高教育质量，就必须加强对学校教育的科学管理。但是，学校管理得怎么样，达到了何种水平，存在哪些主要问题，今后怎么办，这是人们所关心的问题。要想从价值上对这些问题作出裁决，就要对学校管理水平进行科学的、客观的评价。

　　中学管理的评价是现代教育评价的有机组成部分，是一个重要的评价领域。这一领域的评价内容，层次多，范围广，需要研究的问题很多。这既是一个实践课题，又是一个理论课题，因此，需从理论和实践的结合上进行必要的探讨。尽管学校管理评价所涉及的评价对象很多，但为了促进学校管理水平的提高，应就学校管理评价的几个基本问题进行一些探讨。

第一节 中学学校管理评价的目的

　　中央在《关于第七个五年计划的报告》中指出："要加强教育事业的管理，逐步建立系统的教育评价和监督制度"。这是国家加强教育管理的重大措施，也是教育体制改革的必然要求。根据这一精神，各地相继开展了教育评价的理论研究和实践活动，并取得了很大的进展。

一、学校管理评价存在的问题

在开展中学管理评价的过程中，还有一些问题需要解决，其中有的属于认识问题，有的属于政策性问题。不过，许多问题需从评价的目的上统一认识，否则，势必影响学校管理评价的有效实施。这些问题是：

第一，重视外部评价，忽视内部评价。

上级教育行政部门组织一定的力量，按照统一的标准，开展对学校管理的评价工作，这是加强宏观指导和管理的一个重要措施。其目的在于通过客观地评价学校的管理水平，以保证普通中学教育的基本质量，并通过一定的行政手段来指导和推动学校教育改革的深入发展，从而为提高民族素质、多出人才、出好人才作出更大的贡献。这样的外部评价是完全必要的，应当受到重视。但是，有的学校只等上级有关部门下来评价学校，而忽略了组织本校的教职工对学校管理工作进行评价，这对调动广大教职工特别是教师的积极性，参加学校的管理工作，是一个很大的损失。本校人员对学校管理工作做得怎么样是最有发言权的，重视他们的评价意见，不仅有利于调动单位职工工作的积极性，而且有利于改进学校的管理工作。

第二，重视综合评价，忽视单项评价。

目前已开展评价的地方，一般都是根据学校管理工作的内容制定出各项工作的评价目标和评价标准，对学校管理工作的方方面面进行综合评价，并在此基础上进行横向的相对比较，对管理得好的学校给予表彰或奖励，对管理得差的学校给予批评和帮助。这样既可增强各校之间的竞争意识，又可通过评价、比较来全面地把握学校的管理水平的现状，以便采取措施把学校管理提高到一个新的水平上来。但是，这种综合评价耗费的精力大、时间多，因此还应根据不同时期的工作重点进行一些单项评价，例如教育质量管理评价、师资队伍管理评价等。这样的单项评价灵活性大，所需时间也短，而且针对性很强，便于及时发现问题，及时加以解决，能更好地体现学校管理评价的目的性。目前，有的进行评价过于求全，面面俱到，甚至列出100多条评价项目，这样做综合评价，确实负担比较重，如果把握不好，还容易流于形式。

第三，重视统一评价，忽视分级评价。

一个教育行政部门，采用一个尺度对所管辖的学校进行评价，判断其管理水平的优劣，以便加强宏观指导和管理，从而促进全地区的教育质量的提高和发展，这并没有错。如果没有一个统一的评价标准，要对上百所学校进行评价，那就会出现公说公有理、婆说婆有理的局面，无法判断谁优谁劣。因此，评价必须有一个相对统一的标准。但是，从我国普通中学的现状看，只强调统一性，忽略特殊性，也是难以行得通的。例如，重点校都是上级教育行政部门固定的，并且在人力、物力、财力等各个方面都给予了优惠的待遇，在生源方面也给予优先照顾，择优录取。在这种情况下，把一般校和重点校（省重点、市重点及区重点）都放到一个标尺上去衡量，是难以令人信服的。因此，在对普通中学管理水平进行评价的时候，还应考虑分级评价的问题，以便充分地体现评价的目的性。

二、学校管理评价的目的

（一）要确保不断提高普通中学的教育质量

中央提出"社会主义现代化建设的宏伟任务，要求我们不但必须放手使用和努力提高现有的人才，而且必须极大地提高全党对教育工作的认识，面向现代化、面向世界、面向未来，为我国经济和社会的发展，大规模地准备新的能够坚持社会主义方向的各级各类合格人才。"对普通中学来说，就是要不折不扣地完成自己的培养目标，即为上一级学校输送合格的新生和为社会各行各业输送合格的劳动者。加强中学管理评价的根本目的，就是要保证这一目标的实现。

（二）要充分地发挥学校管理的机能

学校为了确保教育目标的实现，既需要进行教育活动，又需要进行管理活动。通过学校管理的评价，可以判断学校管理发挥其机能的程度，以便弄清需要改善的地方和应采取的对策。从这个意义上看，评价是为了完成教育活动的目的而探讨管理活动的改善对策而实施的。管理就是控制，要进行管理，就要发挥其组织机能和实施目标的作用。但是，管理如果缺少这方面的信息，就不可能决定今后的工作计划和实施方针。而学校管理的评价，则可以为改善管理工作提供必要的信息，并用于工作决策。由此可见，这种评价对管理活动是必不可少的。日本对这一问题非常重视，他们在中学的评价方案中强调："为了充分发挥学校的机能，学校的组织、教育计划及教育活动应该符合哪些标准呢？首先学校必须就其所涉及的各个领域制定详细的标准。根据这个标准，从不同角度调查自己学校的实态，这是从综合的立场出发研究其有效性与否，明确其卓有成效的地方和需要改善的地方，力求进行有效的管理。"

（三）要区分学校管理的优劣

中央指出："国家及其教育管理部门要加强对高等教育的宏观指导和管理。教育部门还要组织教育界、知识界和用人部门定期对高等学校的办学水平进行评估，对成绩卓著的学校给予荣誉和物质上的重点支持，办得不好的学校要整顿以至停办。"这一精神也适用于中学教育。通过管理评价，必须区分出好坏，从而激发人们办学的积极性，使中学教育能在比较和竞争中获得更大的压力和动力，更加有力地推动普通教育事业的发展。

竞争是促进事物发展的动力。通过学校管理评价，进行互相比较，分出优劣，可以增强人们的竞争意识，树立一个不甘落后的雄心壮志。但是，目前在普通中学之间这种竞争力比较差，其原因是重点校都是"永久牌"的，"先进"老是先进，非重点校则"落后"老是落后。应该通过科学的评价，对学校管理水平作出客观的、公正的判断，不论是重点校还是一般校，该表扬的就表扬，该批评的就批评，真正做到奖惩分明，把学校管理水平推向一个新的高度。

第二节　中学学校管理评价的领域与目标

有人提出，究竟是社会办学校还是学校办社会。这是针对当前学校管理的领域广泛而提出的质疑。从我国普通中学的现状看，其管理领域的确很广泛，可以说是"麻雀虽小，五脏俱全"了。一位中学校长，就是这个"小小社会"的全权代表，从教育、教学到基建维修、生活福利等都得管，基本上社会管的，学校也得管，如果管不到，这个学校就难以办好。这说明，当前学校管理的范围很广。但是，在这种情况下，如何确定学校管理评价的领域，就需要认真加以研究，以便制定切实可行的评价目标。

一、中学管理评价的对象领域

尽管中学管理评价的对象领域很广泛，但在开展评价的过程中，对此应该有一个大体一致的看法，并根据不同的对象领域来制定评价目标和确定具体目标的评价尺度，否则，评价工作便无法进行。

总的说来，中学管理的内容也是评价的内容，两者是一致的。但可以从实际出发来确定学校管理评价的对象领域，不一定包罗万象。从学校管理的内容上看，大体可分为三类：

（一）学校教育活动的管理领域

教育活动，从狭义理解仅指思想政治教育活动；从广义理解，它包括对学生的教育与教学有着直接联系的各个活动领域。例如，思想品德教育的计划与实施的管理；班级教育活动的管理；教育课程的编制与实施的管理；课堂教学的管理；学科课外活动的管理；体育卫生工作的管理；等等，均属于该领域。这里强调的是广义。

（二）学校组织活动的管理领域

教育活动是直接为实现教育质量目标服务的，而学校组织活动的管理领域则是实现教育活动的基础，是学校管理机能得以发挥的重要保证。这一领域一般是指行政管理目标，主要应包括人的因素和物的因素之利用与管理。例如，学校教育改革的规划与实施的管理；学校各级组织机构之间的协调与管理；学校各类人员的配备、使用与管理；教学设施设备的配备、利用与管理；教育经费的计划、开支与管理；等等，均视作组织活动的管理。

（三）学校涉外关系的管理领域

住家过日子，讲究邻里关系和谐。办学，也有个"邻里关系"的问题，不能搞"孤家寡人政策"。不过，学校的"邻里关系"比较广泛，所以使用"涉外关系"这一概念，以使其外延适当加大。强调学校涉外关系的管理领域，其目的在于使学校教育、社会教育和家庭教育更好地结合起来。也就是说，办学不仅要靠上级主管部门的领导、支持和帮助，而且要主动取得社会各方面的支持和帮助。例如，对上级教育主管部门的请示与汇报；同社会教育团体的联系与协作；同驻区社会有关单位的联系；同兄弟学校之间的联系；同学生家长的联系；等等，均可进行评价。

二、中学管理评价的目标

探讨学校管理评价的目标，是解决评价的具体内容，使评价活动有标准可循，否则，评价是无法实施的。标准，一般是指衡量事物的准则。因此，为了确保学校管理评价的科学性，使评价工作能够有效地实施，对制定学校管理评价的目标应提出基本要求。

（一）制定学校管理评价目标的要求

第一，要把握培养目标的方向。评价起一种"指挥棒"的作用，用什么标准来衡量中学的管理水平，这在很大程度上影响着中学教育的办学方向，影响着广大教职工的工作积极性，最终影响着学校培养人才的数量和质量。因此，制定学校管理评价目标，必须把握其方向性。

中学是基础教育的关键阶段，它肩负着双重任务。其教育质量的高低，关系到四化建设的前途，关系到祖国的未来。因此，制定学校管理评价目标，必须符合国家对中学提出的培养目标的要求。中央明确指出，衡量任何学校工作的根本标准是培养人才的数量和质量。这不仅规定了评价学校的质量规格，而且进一步强调了教育工作的总体目标。总之，要把握学校管理评价的方向，就必须坚持以"三个面向"为指导方针，以中学的培养目标为依据。

第二，要从学校的实际出发。评价，要有一个衡量的标准，不然就无法进行客观的评定。但是，制定学校管理的评价标准，必须从实际出发，因为标准定得过高或过低都会影响学校管理评价的效果。国有国情，校有校情，制定学校管理评价标准，既要符合国家的统一要求，又要充分地体现本地或本校教育工作的实际。标准要适当，不能过高，也不能过低，当然也不应迁就个别学校的现状。否则，就会挫伤评价单位的工作积极性，也难以使评价工作促进学校教育现状的改善和提高。

从我国教育事业发展的现状看，各省、各地区及各校的办学条件是有差别的，有的差别还比较大，诸如师资、生源、经费和设备等方面都存在着明显的差别。由于学校的基础不同、办学条件不同，出现了不同的教育水平。制定评价标准，要承认这种差别，把条件大体相当的学校放到同一层次上进行评价。这样有利于鼓励学校展开竞争，调动学校的积极性。

第三，要简明扼要，便于实施。制定学校管理评价的目标，要做到明确而具体，力求使评价项目能看得见、想得到、抓得住，不能是虚无缥缈、不可捉摸的。这就要求，对中学管理进行评价，应该抓住学校管理的本质特征和主要方面，使评价目标具有一定的代表性，能揭示出学校管理水平的现状。

目标简明扼要，便于分析或量化。一般来说，可度量的事物，就容易进行比较，也易于进行定量分析。但这不等于说，无论评价什么，都要进行量化。实际上，在中学管理的评价工作中，有的项目能量化，有的就不宜量化，这要具体分析。对不能直接量化的项目，如果需要量化，可采取先定性分析、后转化为定量分析的办法。但不能因此而损坏评价的科学性，影响评价的效果。

总之，由于学校管理评价目标具有导向作用，能促进学校管理工作的规范化和科学化，所以制定评价目标时必须有明确的指导思想，坚持以中学培养目标为基本内容，把握学校管理工作的中心环节，使评价为提高学校教育质量服务。

（二）学校管理评价的目标框架

评价目标是用来衡量中学的教育质量的。《中共中央关于教育体制改革的决定》指出："衡量任何学校工作的根本标准不是经济收益的多少，而是培养人才的数量和质量。"由此可见，培养人才的数量和质量，既是中学办学的根本任务，也是评价学校管理工作好坏的根本标准。如果离开这个标准，学校就丢掉了办学的宗旨；如果偏离这个标准，学校就会偏离正确的方向。因此，进行学校管理评价，必须坚持这一根本标准。而培养人才的标准，正像邓小平同志指出的那样："我们的学校是为社会主义建设培养人才的地方。培养人才有没有质量标准呢？有的。这就是毛泽东同志说的，应该使受教育者在德育、智育、体育几方面都得到发展，成为有社会主义觉悟的有文化的劳动者。"

现代管理的理论和实践都清楚地表明，人从来都是教育系统的核心组成部分，是管理的客体和主体。作为中学教育的管理，始终是人的一种活动形式，而这种活动首先是人为达到自己的目的而进行的自觉活动，并且又是指向人和人的集体的。从这一观点出发，制定学校管理评价目标，应围绕人的因素而展开，以便充分地调动人的积极性。

根据上述分析，中学管理评价目标可设定为三项目标：

1. 学生质量水平。

①思想品德面貌：重点看遵守《中学生守则》情况和政治课学习成绩。

②学业成绩：各科学习的及格率、优秀率、升学率和差生的提高幅度，以及学科课外活动情况。

③身体素质状况：重点是体育课成绩、体育达标率和近视眼的患病率。

④美的情操：审美能力及音乐、美术课的学习成绩等。

⑤劳动技能：在劳动技术课上学到的技术项目及其掌握的程度。

2. 师资队伍水平。

①教师队伍结构：例如，学历结构、年龄结构、教龄结构及师生数量之比例。

②教师质量：职业道德，如好中差一起抓、既教又导等，业务能

力，如驾驭教材的能力、学生工作能力、教学科研能力等；教学质量，如课堂教学效果、学生的学业成绩等。

③教师培养：如培训的计划及实施、班主任与科任教师的力量配备、青年教师的培养等。

3. 领导管理水平。

①教育目标管理：例如，纠正片面追求升学率的措施及效果，面向全体学生的措施及效果，德、智、体、美、劳一起抓的措施及效果。

②各级组织的职能：例如，岗位责任制、各部门之间的协调性。

③教育活动的管理：教学工作管理，如教学计划的实施、课堂教学质量、课外活动的效果；思想政治教育工作管理，如班主任队伍建设、班级工作质量等；体育卫生工作管理，如体育课的质量、体育活动的安排及效果、学生健康档案、近视眼的防治等。

④物质条件的管理：教育经费管理，如正常经费用于教学的比例、勤工俭学收入的使用；教学设备管理，如实验设备、图书资料、体育卫生设备；校地校舍管理，如普通教室、实验室、运动场地等。

上述管理评价目标，是综合评价的框架结构，其评价要素共分三级，一级评价目标设 3 大项，即"学生质量水平、师资队伍水平及领导管理水平"；二级评价目标共设 12 项，分别是一级评价目标的下位目标；三级评价目标，可以列举的项目为参考，确定若干评价小项目。总之，每一个下位评价目标都是其上位评价目标的具体化。不过，在选定评价目标时，应从实际出发，有所侧重，但要注意其内在联系，力求做到目标结构合理，层次分明。

如果进行单项评价，可把二级评价目标作为一级评价目标使用，把三级评价目标作为二级评价目标使用。如果需要制定三级评价目标，那就要继续进行目标分析，依据二级评价目标来确定评价要点。例如，如果把教学工作管理作为一级评价目标，其二级评价目标可定为：任课教师的配备、教学计划的实施、教学工作制度、课堂教学质量检查、教学研究活动及学科课外活动的安排等。三级评价目标，以上述任课教师的配备为例，其评价要素应包括教学骨干的配备、教师年龄结构、毕业班与非毕业班教师的安排、班主任力量的配备等。如果三级评价目标还不易把握，可就某一项提出若干要求，作为该项应把握的评价观点，如对"毕业班和非毕业班教师的安排"可提出以下要求：毕业班各科教师的骨干力量如何？起始年级和起始学科的教师力量是否得到保证？初中和高中的教师配备是否合理？教师任课班级是否相对稳定等。

第三节　中学学校管理评价的主体

研究中学管理评价，必须解决四个基本问题，即评价目的、评价内容、评价主体、评价方法问题。前两个问题已研究过了，现在来研究第三个问题，即中学管理评价的主体。从目前学校管理评价的现状看，其评价主体的角色多由上级教育行政部门来充当。不过，在大规模开展中学管理评价的形势下，仅靠这一评价主体是否可行，则是需要认真加以研究的问题。

中学管理评价的主体，应由哪些人来充当，这些人应具备什么样的条件，这是需要明确的，否则，不利于有效地开展具体的评价工作。为了便于分析与研究评价的主体，首先应研究学校管理评价的特点，以便有针对性地讨论评价主体问题。

一、中学管理评价的特点

根据中学教育的特点和学校管理评价的对象领域，中学管理评价的特点可归纳为以下几点：

（一）学校管理评价的主体性

《中共中央关于教育体制改革的决定》指出，我国教育体制上的主要弊端之一是"政府有关部门对学校主要是对高等学校统得过死，使学校缺乏应有的活力；而政府应该加以管理的事情，又没有很好地管起来。"这说明无论是学校管理还是学校管理评价，都必须发挥学校的积极性，不能无视学校的管理地位。就学校管理评价的主体作用而言，广大教师、行政领导干部以及学生都是做好学校评价工作的重要力量。

从教育评价的一般形态来看，有外部评价和内部评价之分。这里的内部评价，是指学校自身作为评价的主体，通过广大师生及领导干部对学校管理水平进行评价。这是现代教育评价的一个重要形态。如果忽视这一评价形态，就不利于发挥学校办学的积极性。但是，强调这一点，并不意味排斥校外人员对学校管理的评价，而是要在发挥学校评价积极性的同时，还要欢迎外部人员参加评价，并认真听取他们的评价意见，以期更好地改进学校的管理工作。

（二）学校管理评价的协作性

对中学管理进行评价，不论什么人作为评价的主体，如果孤军独战，那对做好评价工作都是不利的。这里就有一个"联合作战"的问题，即评价的协作性。这是学校管理评价的一个重要特点，无论对外部评价还是内部评价，都具有十分重要的意义。

这里所说的学校管理评价的协作性，其要求有两点：

第一，上级教育行政部门对学校管理进行评价时，应主动取得学校领导干部和广大师生的支持和帮助，以获取准确的评价信息。同时，还要根据评价工作的需要，吸收有关专家参加评价工作，力求从理论和实践的结合上提高学校管理评价的质量。

第二，学校内部进行管理评价的时候，不能光靠领导成员单枪匹马地干，而要依靠广大教职员工的团结合作，取得全体学生的大力支持。此外，还要创造条件，争取校外人员协助搞好评价工作，如有关教育专家、学生家长、教育主管部门的领导等。

（三）学校管理评价的客观性

从教育评价的含义来看，其本质在于价值判断，即按照一定的评价标准，对评价对象从价值上作出判断。这就要求，学校管理评价必须做到公正、客观，否则，就难以得出一个科学的评价结论，而要利用这一评价结果就更困难了。

根据学校管理评价的客观性这一特点，评价主体必须广泛地收集评价信息。信息来源越多，信息量越大，学校管理评价的客观性也就容易得到保证。在收集评价信息的过程中，应根据学校管理评价的目标要求，有目的地去收集，以提高评价资料的利用率。但不要划框框、定调子，用设想的观点去寻找材料"填空"，而应扎扎实实地做些调查研究工作，尽力把握评价对象的全貌，并在此基础上按照客观标准，作出符合实际的评价结论。由此可见，广泛地收集评价资料，是避免主观随意性的前提，是搞好学校管理评价的客观基础。

（四）学校管理评价的启迪性

有人把教育评价看作只是教育成绩的考查方法，这是不全面的。教育评价，就其本质而言，是对评价对象作出价值判断。但是，评价本身并不是目的，其真正的目的在于通过判断优劣来促进学校管理活动的改善和组织活动机能的发挥。可见，评价不仅是加强学校管理的重要手段，而且是学校管理评价的基本过程。

学校管理评价结论是在广泛地调查研究的基础上作出的。由于它以充足的评价信息作依据，所以评价的客观性也比较强，并且囊括了评价对象的各个主要方面。通过这样的评价，不仅要了解学校管理的实际水平，而且要重视评价结论所给人们的启迪，明确学校管理工作哪些地方应该改善以及如何进行改善等。评价，如果只满足于得出一个评价结论，而不重视学校管理应如何改善，那就失去了评价的实际意义。因此，进行中学管理评价，不应把着眼点放在单纯的记分或图表上，而应着重于评价结果的利用。当前，在学校管理评价工作中存在的一个主要问题，就是有的地方还忙于繁琐的记分，其主要精力尚未用到工作的改善上。

（五）学校管理评价的连续性

中学管理的基本过程，比较典型的是"PDS"方式，即"计划→实施→评价"。这是一个循环的连续管理过程。从这个管理过程看，评价是其中的一个最后环节，但由于这个管理过程是一个循环的过程，所以从整体上看评价并不意味学校管理活动的终了，而意味着下一个管理过程的开始。可见，评价是连续进行的。

从管理评价的目的和作用上看，评价虽然在一个循环的最后阶段，但它贯穿在管理的全过程之中。简言之，管理的过程，也是个评价的过程。评价不仅限于管理活动的最后阶段，在管理过程的其他环节也要进行评价。例如，形成性评价就是在管理活动的过程中进行的。重视形成性评价，是现代教育评价的一个重要特点。为了进行有效的管理，在计划及其实施的环节上也要有计划地进行评价，从而保证管理计划的顺利实施。这说明，连续评价的过程是不断改进学校管理工作的过程，也是其成果不断累进的过程。

二、中学管理评价的主体

中学管理评价所涉及的对象领域很广泛，需要评价的项目也很多，而且主要是对人的评价，所以这是一项十分复杂而细致的工作。为了有效地开展学校管理评价工作，应对评价主体进行概要的分析，以便更好地发挥他们的作用。

根据我国普通中学教育体制的现状和中学管理评价的特点，作为学校管理评价的主体应由以下四种类型的人构成：

（一）对学校教育具有宏观的管理权力者

这里所说的宏观管理者，是指上级教育行政部门而言的。地方各级教育行政部门是在各级地方人民政府的统一领导下，行使国家管理教育的权力，而学校教育机关必须接受其领导和业务指导，接受其监督和管理。因此，各级教育行政部门都是其下属学校教育机关的评价主体，他们有权对其所管辖的学校工作进行评价和指导。可见，评价和指导是教育行政部门的主要职能之一，是他们对学校加强业务领导和管理的重要环节。

从某些教育行政部门的工作现状看，当前存在的问题还是发号施令太多，调查研究和检查督促太少。要想更好地行使国家管理教育的职能，就应尽快改变此种状态，深入到学校里去，加强检查监督。为此，教育行政部门应加强学校管理评价工作，从而获取准确的评价信息，以利于克服工作中的主观主义。例如，为了把握本地区学校管理水平，就需要对学校的管理工作进行综合评价；为了加强学校干部队伍建设或师资队伍建设，就需要对他们的表现进行单项评价。总之，教育行政部门，不仅要为办好学校创造和准备必要条件，而且要对学校的管理水平进行评价。

（二）对学校教育活动的改善能采取对策者

对学校管理进行评价时，如果采取内部评价这一形态，那么以校长为代表的全体教职员工都应作为评价的主体。但是，从对学校教育活动的改善能采取对策上看，这一评价主体主要是指以校长为首的学校领导干部。学校的领导干部是全校教育活动的领导者和管理者，也是全校管理工作的计划者和组织者。他们有权根据党的教育方针、学校培养目标以及上级教育行政部门的要求，对本校的教育质量、教学工作、思想工作及总务工作等作出评价，并有针对性地采取改善的对策，从而有效地推进学校教育工作。

校长是学校行政的最高负责人，是受上级行政部门的委托，负责组织和领导全体教职员工努力去完成教育工作任务。校长是一校之长，学校办得好坏，他当然负有重要责任，而且是全校工作的最终责任者。因此，校长为了把握教育活动和管理活动的进程及其质量，必须进行有关评价工作，并在此基础上从实际出发采取改善的对策。这种对策，在学校里也是一种决策。校长在领导管理活动中，出主意、想办法、提方案、做决定等，也是决策活动。决策是学校领导的基本职能，而评价又是决策的基础，因此，要进行决策，就必须认真地实施评价。

（三）教育活动的直接责任者

广大教师既是教育活动的直接组织者，也是教育活动的直接责任者。这是由教师的职责决定的。中学教师的任务，就是把学生教好，使他们在德、智、体等几方面都得到发展，成为有理想、有道德、有文化、有纪律的一代新人。这是人民教师的神圣职责。教师的工作质量，对学生的成长与发展具有十分重要的作用，它关系到中华民族文化科学技术水平的提高与发展。因此，教师不仅对教育活动负有直接责任，而且决定着活动的方向。正如列宁所指出的："在任何学校里，最重要的是课程的思想政治方向。这个方向由什么来决定呢？完全只能由教学人员来决定。"

在学校的内部评价中，教师是评价的重要角色。他们的评价任务是相当繁重的，对学校教育质量即学生质量的评价，基本上都是由教师来承担，而且是大量的、经常性的工作。为了改善教育活动，提高教育质量，教师要运用多种评价手段去把握教育对象的动态变化，并作出客观的评价。例如，班主任对学生思想品德的评价、科任教师对学生学力的评价、体育教师对学生身体素质的评价。由此可见，搞好评价，这是教师义不容辞的责任，也是教师应尽的义务。

（四）教育活动的直接参加者

教育活动的直接参加者是指学生而言的。学生是主要的评价客体，同时又是评价的主体。他们可以评价领导的工作，也可以评价教师的工作，这是学校实行民主管理的重要方面。学生虽然是在教师的指导下参加各种教育活动的，但由于活动的最终目标是使每一个学生都得到成长与发展，所以如果没有他们的努力，目标是根本无法完成的。在教学这个双边活动中，学生是学习过程的主体，也是评价教学活动的主体之一。教师的教学质量优劣是通过学生表现出来的，即集中体现在学习者身上。因此，学生评价教学可以直接地反映教师的教学效果和教学质量。尽管学生的评价信息带有年龄阶段的一般特点和个体的主观性弱点，但对改进教学工作却是不可缺少的。通过学生评价教学，可以帮助教师在教学实践中锤炼教学艺术，同时也有助于师生双方交流感情，调节心理平衡，不断地改善师生关系。这种评价活动，具有一种教育力量，它有助于学生的民主生活素养的形成，对教学情况发表看法、提出评价意见和建议，可以使他们逐步形成不盲从的习惯和正确地行使自己的民主权力的能力，同时还能使他们在评价的实践活动中不断提高观察事物和分析问题的能力。

学生作为评价的主体，不仅要评价教师的教，还要评价自己的学。重视学生的自我评价，是现代教育评价的一个突出特点。库克（W. W. Cook）认为，最有效的评价是学生的自我评价，其次是教师、同学间的评价，最差是班级以外的人员的评价。这进一步说明了学生作为评价主体的地位和作用，但并不因此而排斥教师对学生的评价。

上述四种类型的评价主体，都与提高学校教育质量有着直接的关系，所以称作评价的直接主体。实际上，能对学校管理进行评价的并非限于这几种人，还应包括学生的家长、地区居民及社会各界人士，如用人单位、上级学校、教育专家等。他们能对学校的管理工作提出很多宝贵的评价意见，无疑这对加强评价的客观性是有实际意义的。但是，他们的意见和要求，如果不通过评价的直接主体，特别是前三种评价主体，那就不可能与学校管理现状的改善相结合，自然也难以发挥他们的评价作用。为此，作为学校管理评价的主体，应创造条件，提供机会，使这些人参与学校的评价工作，从而促进学校管理水平的不断提高。

第四节　中学学校管理评价的组织实施

学校管理评价的实施，首先遇到的一个问题，就是要不要成立专门的评价组织机构。如果有条件成立专门的评价组织机构，那对学校管理评价的实施当然是件好事。但根据行政体制改革的精神和机构精简的原则，进行中学管理评价，目前不宜成立专门的评价组织机构。如果每有一项新任务，就成立一个专门的组织机构，那么机构就会越来越多，越来越庞大。像有的地方搞什么就设个"××办"的作法，是不可取的。

从我国普通教育管理体制的现状看，中学管理评价工作应由职能部门承担。例如，国家一级的普教管理评价工作由国家教委督导司负责，地方各级的评价工作由其相应级别的督导组织来负责。学校里的评价工作，也应由校内的职能部门负责，但可根据工作需要，成立必要的兼职评价小组，以协同职能部门实施学校管理评价工作。

中学管理评价是一项理论性、专业性和实践性都很强的工作。为做好此项工作，应注意解决以下几个问题。

一、学校管理评价的实施计划

一般来说，制定评价计划应明确"为什么评、评什么、怎么评及由谁评"等四个基本问题，其中"评什么"即评价目标问题是计划的核心部分，也是建立科学的评价制度的关键。

学校管理评价计划的种类，可有两种划分方法。一是着眼于评价目标，二是着眼于评价时间。从评价目标上分，有学生质量的评价计划、师资队伍建设的评价计划、领导行政管理水平的评价计划；从评价时间上分，有长期的评价计划、中期的评价计划、短期的评价计划。

制定学校管理评价的实施计划，需要考虑的问题比较多，但应强调必须明确评价的特定目的和重点对象。评价的具体目的有"教授的目的、学习的目的、研究的目的及管理的目的"。制定评价计划时，必须明确评价的目的，以减少评价工作的盲目性。但为了提高评价的质量，可确定评价的重点，围绕学校工作的重点目标进行评价，从而促进学校，教育目标的完成。如果按照学校管理评价的对象领域，面面俱到地进行评价，一般就难以取得较为理想的评价效果。因此，评价还应有重点地进行。

作为上级教育行政部门，对所管辖的学校进行评价时，应该有相对统一的评价目标和适宜的评价标准。但学校自身作为评价的主体，进行内部评价时，可从本校的实际出发，根据上级主管部门的要求，对评价目标作适当的调整，以便有针对性地进行评价，更好地把握工作中的主要问题，力求把评价的结果同改进工作有机地结合起来。这就是说，评价要着眼于改进工作，不要为了评价而评价，忘掉了评价的宗旨。

学校进行内部评价，要依靠全体教职员工和学生，尤其要调动广大教师的积极性，这是评价工作成败的关键。例如，进行综合评价，由于评价项目很多，只靠学校内部的职能部门是比较困难的，在这种情况下，可根据评价工作的需要成立若干个评价小组，分工合作，各自负责一部分。不过，采取这种协作的评价体制，必须使参加人员明确评价的目的、把握评价的标准和方法，不能各自为政。根据协作的原则，在最后汇总时，各组应向全体教师报告，以便听取各方面的意见，作出合理的、公正的综合评价。

校内组织评价，不仅要听取本校人员的意见，而且要听取校外人员的评价意见。俗话说："旁观者清"，这是很有道理的。因此，要创造条件，提供机会，请有关人员参加评价。例如，评价毕业生的质量，需要了解离校后的表现时，可以邀请上一级学校或用人单位参加评价会议，以利于改进今后的质量管理工作。

二、学校管理评价的方法选择

学校管理评价的方法，直接影响着评价的效果。方法是为内容服务的，没有良好的评价方法，评价的任务也是无法完成的。因此，在实施学校管理评价计划时，要重视对评价方法的选择。

选择评价方法，要以现代教育评价的理论为指导，以既定的评价目标为依据，力求实效，不能千篇一律。教育评价的常用方法有论文式测验、客观测验、问题情景测验、问卷法、标准测验、观察法、评定法，面谈法、调查法等。这些方法各有利弊，可根据评价目标予以选择。例如，对学力目标进行评价，可以选择不同类型的测验法；对思想品德目标进行评价，可以选择观察法和面谈法；对学生身体素质目标进行评价，可以选择观察法和场地测验等形式。评价方法和评价目标并不是一对一的关系，往往是一种评价目标需采取几种不同的评价方法。

学校管理评价的因素很复杂，尤其是对人的评价，应取慎重的态度，不能简单化。有的内容适于用记分的方法，有的内容用记分的方法就不妥，这要做具体分析。例如，对学生质量的评价，学力水平、体育水平可记分，但对思想品德、兴趣爱好等就不宜记分。就兴趣爱好而言，一个人喜欢数学，是件好事，应予以鼓励，但不喜欢数学，也不能说是坏事，而给予批评。人各有志，各有所好，教育要注重学生的个性发展，不能模式化。作为教育对象的学生，是动态多变的，可塑性很大，用记分的办法很难表现出他们的思想变化情况。因此，对思想品德目标的评价，可用评语法或评语和等级相结合的方法。

对学校管理目标进行综合评价时，可采用等级评定法，即把评价目标划为三个或四个等级，分别用"A、B、C"，"A、B、C、D"来标记；也可用等级分数来标记，如"A、B、C、D"分别用"90分、80分、70分、60分"来代替，以便进行综合分析。对评价结果不论采用哪一种表记方法，都必须按照规定的表格要求，当时做好记录。总之，评价的等级不宜分得过多、过细，应以便于比较与区分为原则。简言之，宜粗不宜细。

三、学校管理评价结果的利用

对学校管理评价结果的利用，是指把评价结果用于改善学校的管理工作，提高管理水平。换句话说，要根据评价所看到的主要问题，采取切实可行的改进工作的措施，从而推动学校教育目标的完成。进行学校管理评价，如果只满足于评个等级，而不注重研究如何改进学校的管理工作，这在很大程度上就失去了评价的意义。因此，进行评价，不仅要评出优劣，而更重要的是研究管理工作的改善。

研究管理工作的改善，是对评价结果的具体运用。因此，应进行各种因素分析，找出解决问题的办法，切不能坐而论道，停留在一般道理的空泛议论上。通过学校管理评价，可明确所取得的工作成绩和存在的主要问题，但从改善管理工作来看，对评价结果的利用，主要是研究如何解决工作中的问题。

要解决问题，首先要分析存在问题的来源，这是解决问题的起码条件。通过评价，一般能弄清存在的问题是什么，解决的问题却不能停留在"是什么"上，而必须弄清问题的来龙去脉。如果对要解决的问题的来龙去脉不清楚，那就无法动手解决。例如，存在的问题，是以前的工作漏洞，根本没有提出过，还是以前明确地提出过，但由于努力不够而没有得到解决。其次，还要分析存在问题的主要原因在哪里。例如，是领导的问题还是工作人员的问题，是人的问题还是经费的问题，是时间问题还是方法问题，等等。总之，要实事求是地分析，分析明白了，解决问题的办法也就有了。第三，要分清解决问题的轻重缓急，不能眉毛胡子一把抓。例如，根据评价分析的结果，需要解决的问题可能有几个，甚至更多，但由于主观条件和客观条件的限制，不能把所有的问题都同时解决，在这种情况下，就要按照问题的重要程度和紧急程度，作出分步解决的决定。还要注意分析解决问题的条件，有的问题虽然急需去解决，但由于当前条件不具备，马上解决还存在一定的困难。如果经过努力可以解决，则应积极创造条件去解决，如果条件不允许，也不能超越客观条件去做力所不能及的事。

总之，对评价结果的利用，要立足于学校管理工作的改善，研究解决存在的问题，不要停留在评等级上。为了使此项工作更好地落实，应从加强全面质量管理的观点出发，制定出具体的管理评价工作的实施计划，以便从实际出发提高学校的管理水平。

主要参考文献

1.《Народноеобразован Не》Аирелb1986г.

нздателbство《педагогнка》Москва。

2. 梶田叡一、藤田惠玺、井上尚美：《现代教育评价讲座》（日文版），第一法规 1978 年版。

3. 梶田叡一：《教育评价》（日文版）有斐阁，1983 年版。

4. 桥本重治、金井达藏、辰见敏夫：《教育评价要说》（日文版），图书文化，1979 年版。

5. 李聪明：《教育评价的理论与方法》，幼狮书店，1972 年版。

6. B．S．布卢姆等编、邱渊等译：《教育评价》，华东师范大学出版社，1987 年版。

7. 廖平胜、何雄智：《标准化考试的理论与实践》，华中师范大学出版社，1986 年版。

8. 罗伯特·蒙哥马利著、黄鸣译：《考试的新探索》，广西人民出版社，1984 年版。

9. 中华人民共和国林业部科技局标准处：《标准化工作手册》，中国林业出版社，1982 年版。

10. 曹延亭：《教育统计学基础》，辽宁人民出版社，1984 年版。

11. 邱伟光、王殿卿、刘友渔主编：《共产主义思想品德教育》，四川人民出版社，1983 年版。

12. 中央教育科学研究所：《中小学工作手册》，法律出版社，1985年版。

13. 张德琇：《教育心理学研究》，教育科学出版社，1982年版。

14. 大桥正夫编、钟启泉译：《教育心理学》，上海教育出版社，1980年版。

15. 陆红军：《人员测评与人事管理》，湖南人民出版社，1987年版。

16. 孙震、吴杰主编：《教育学》，吉林教育出版社，1986年版。

17. 吴杰：《教学论》，吉林教育出版社，1986年版。

18. 辛昒：《中学班主任实用手册》，吉林教育出版社，1986年版。

19. 华东七省市教育学院干训部：《学校管理学基础》，上海教育出版社，1984年版。

20. 齐亮祖：《普通学校管理学》，辽宁教育出版社，1985年版。

21. 张济正、吴秀娟、陈子良：《学校管理学导论》，华东师范大学出版社，1984年版。

22. 万勇：《到达目标与到达度评价》，《外国教育资料》1983年第6期。

23. 张天麟：《教育评价的基本概念》，《教育科研资料》1984年第9期。

24. 王恩民：《简论学校评价》，《论学校管理》中国教育学会学校管理研究会，1984年。

25. 戴忠恒编著：《心理与教育测量》，华东师范大学出版社，1987年。

26. 高文：《对教师的系统研究与科学培训》，《外国教育资料》1983年第4期。